做个说话优雅动听的女人

水微澜◎编著

中国纺织出版社

内 容 提 要

口才是女性展现能力、魅力和修养的重要技能，口才好的女性，“说”就要能够沟通，“言”就要打动人心；“讲”就要直击心底，“话”就要有道有理。本书结合女性的特点，通过精练的语言和大量贴近生活的事例，从不同场景、不同人群、不同方面生动而具体地讲述了提高女性说话水平、改善沟通能力的方法和技巧，旨在让女性通过修炼口才变得魅力四射，更加迷人！

图书在版编目（CIP）数据

做个说话优雅动听的女人 / 水微澜编著. --北京：中国纺织出版社，2015.5（2024.1重印）
ISBN 978-7-5180-1411-8

Ⅰ.①做… Ⅱ.①水… Ⅲ.①女 性—口才学—通俗读物 Ⅳ.①H019-49

中国版本图书馆CIP数据核字（2015）第038843号

责任编辑：闫　星　　　　责任印制：储志伟

中国纺织出版社出版发行
地址：北京市朝阳区百子湾东里A407号楼　邮政编码：100124
邮购电话：010—67004422　传真：010—87155801
http：//www.c-textilep.com
E-mail：faxing@c-textilep.com
中国纺织出版社天猫旗舰店
官方微博http：//weibo.com/2119887771
永清县畔盛亚胶印有限公司印刷　各地新华书店经销
2015年5月第1版　2024年1月第4次印刷
开本：710×1000　1/16　印张：15.5
字数：192千字　定价：46.00元

前言
PREFACE

现代社会，口才已被公认为现代女性必备的素质之一。拥有傲人的口才不仅可以让女人在这个沟通无处不在的时代脱颖而出，在自己的一方天地站稳脚跟，更可以让女人获得梦寐以求的幸福。

对于现代女性而言，智慧和高雅的言辞可以让女人韵味十足，拥有他人无可比拟的魅力。女人都希望自己是漂亮的，因为美丽的外表往往让人赏心悦目，心情愉快；而良好的口才恰恰是一件为女人锦上添花的美丽外衣。当你用或优雅谦逊、或真诚率真、或恬淡如水的言辞表达自己的时候，你的魅力一定会让人惊艳，你的风采一定会比你的外表更能打动人心。

女人就该如此，美丽的外表和智慧的头脑可以共存，女人应该让世人知道，你所具有的不仅仅是美貌，不仅仅是丰富的知识，还有傲人口才和聪明才智。

语言往往是内心情感或者思想意识的真切表达，人们可以通过语言诉说自己的内心，也可以通过语言揣测他人的内心。女人要能说，要敢说，也要知道什么该说，什么不该说。讲究说话的艺术是一个女人所必须具备的社交技能，只有掌控了人际交往的主动权，女人才能在社交场上站得更稳，走得更远。

毫不夸张地说，女人的口才与言谈交际相关能力的大小，足以影响女人一生的幸福。幸福的女人大多是聪明的说话者，女人的幸福，至少有一半是靠口才去创造的。她们依靠出众的口才，赢得朋友的尊敬，获得社会的认同，一个女人如果善于说话，就可以使自己的生活、工作轻松而愉快，不仅让他人快乐，自己也会因此变得幸福。

卓越的口才是女人家庭幸福的法宝，女人发挥自己的语言魅力，能更巧妙、更有效地打动爱人的心，使婚姻生活更加有趣和甜蜜。

卓越的口才会为女人的工作表现加分。一个伶牙俐齿、问一答十的女人，通过语言与上级和下属交流，让难题迎刃而解，让危机变成时机，让敌人变成朋友，让事业飞黄腾达。

卓越的口才为女人带来财气和运气。女人会因此自然而然地流露出一种气韵，吸引各种美好事物。

本书从个人、职场、家庭、生活、社交等不同方面讲述了好口才对于女人的重要性，引用了大量成功的实例，精心为女性读者传授提升口才的技巧和秘诀。女人的好口才不是与生俱来的，我们完全可以通过后天的学习和历练使自己能言善辩。本书案例中那些话说得得体，事做得漂亮的女人都是我们学习的对象。所以，从现在开始培养自己的口才和社交的能力吧，让好口才成为自己交际场上的法宝，让口才成为自己生活幸福、事业成功的助推剂！

编著者

2014年5月

目录
CONTENTS

上篇　修炼自己的语言修养

上篇
修炼自己的语言修养

第1章 优雅内敛，会说话的女人内外兼修

优雅，一个简单的形容词，但是一旦与女人结缘，就让人有无限的向往与遐思。林语堂曾经说过："优雅地老去，也不失为一种美感。"可见，优雅是女人最华丽也是最迷人的外衣。优雅的女人或许容貌并不出众，却一定有着令人如沐春风的谈吐。吐气如兰、温雅从容，一举手、一投足、一言语，都宛若芝兰倾倒人心。

女人说话不卑不亢

"不卑不亢，有礼有节"是女人在人际交往中立于不败之地的重要"秘诀"之一。柔弱如水的小女子固然惹人怜爱，但是却因没有原则和主见而变得软弱可欺、失去方寸，最终在激烈的竞争中迷失自我，成为别有用心之人的餐后甜点，无法得到他人应有的尊重和自身的地位；而过于骄傲的女子则令人心生反感，难以亲近，这当然也不利于事业的成功和人生的圆满。尤其在当今社会，人脉关系甚至已经超越了资历和能力，成为获取成功的第一要素，骄傲自大只会拒人于千里之外，在人与人之间建筑一道难以逾越的鸿沟，最终自己与成功失之交臂。

"不卑不亢"，在与自己地位、资历、才识相当的人相处时，做起来

是比较容易的，大家因为各方面不相上下，所以，言谈举止之间也就能够从容以对、谈笑自若。但是当面对身份、地位、资历与自己过于悬殊之人时，要做到“不卑不亢”则并非易事了。这是人类的一种通病，也是人类的一种劣根性。若是对方不如自己，就会自然而然流露出一种优越感，说话时也不由自主流露出颐指气使的意味；若是对方的地位比自己高很多，或者自己有求于对方时，就会不由自主地“矮”下去，甚至“低到尘埃里”，说话时自然也就多了一份巴结讨好的意味。无论是哪一种情况，这样的人都很难得到对方真正的尊重与欣赏，更谈不上有所作为。所以，作为女人，若想得到大家的认可与尊重，就一定要做到无论面对什么样的人都要坚持自己的原则，既不唯唯诺诺、柔弱可欺，给心怀不轨之人以可乘之机，也不骄横跋扈、颐指气使，令人难以亲近；而要不卑不亢、谦逊温和，充分体现自身的成熟矜持和自尊自爱，从而获得他人的尊重与赏识。

小雅第一天到公司上班，就听说了上司杨总的种种传闻：他是业内有名的好色鬼，公司稍有姿色的女职员经常要忍受他的骚扰，如果不堪忍受只能愤而辞职。有人为青春靓丽的小雅感到担心，然而小雅却淡然一笑说：“我自有主张。”

果然，杨总很快就注意到了美丽的小雅，开始找各种借口与小雅接近，常常约小雅吃饭喝茶。小雅事先掌握了杨总的家庭背景，知道他妻子远在国外，最疼爱的是女儿。小雅想办法找到了杨总女儿的照片，当再一次约会，杨总的手就快摸上小雅的手时，小雅不失时机地拿出了照片，说：“杨总，你看，这女孩漂亮吗？”杨总吃了一惊，问：“这照片你从哪里得来的？”小雅淡淡地说：“哦，这是我表姐的一个好朋友，让我哥哥给设计一个发型，你知道我哥哥可是市里小有名气的发型设计师哦！所以表姐将她的照片给我，叫我带给我哥哥。但是人长得漂亮，有时候也不是一件好事呢！听说她的老板很色，常常打她的主意。”杨总一愣，正想发问，小雅笑了笑，注视着他说：“其实对于一个年轻的女孩子来说，想在公司、在社会上立足真是不容易，听说杨总的女儿也刚刚踏入社会，想必您对此也深有感触吧？”杨总神情有些尴尬，小雅接着说：“但幸运的

是，我的老板不但为人正直，而且对我们新人也关怀备至，大家都背后都称赞不已呢！”杨总的脸红了，结结巴巴地说：“是，那是当然。”小雅淡淡地说：“所以，来而不往非礼也，这次吃饭我请客，也当是对杨总的一番感谢吧！”

从此，杨总再也没有对小雅动过歪心思，相反，对于小雅的机敏聪慧、不卑不亢，杨总打心眼里敬佩，对于小雅的洁身自好和自尊自重，杨总更是由衷地敬重。后来，在杨总的推荐下，小雅出国进修，最终留在了国外的总公司。

优雅是女人魅力最突出的表现，也是最令人欣赏的一种美丽。有人说优雅的女人像酒、像茶、更像咖啡，她们不张扬，却有着令人难以言表的内涵与魅力，需要用心才能够品味其中的韵味。而不卑不亢、从容淡定则是一切优雅女人所共有的言行方式，无论面对不及自己还是高于自己的人，她们都能够用一颗平常心对待。她们既不会因为某个人的地位或身份高于她们，或者为了达到自己的某个目的而刻意讨好、奉承此人；也不会迫于权势而出卖自己的肉体和灵魂；更不会因为自己在某些方面优于他人而摆出一副高高在上的架势。她们的内心有一杆秤，这杆秤就是她们为人处世的原则——尊重他人，也尊重自己。只有自尊自重、又尊重他人的女人才能获得别人发自内心的尊重与敬仰，就像案例中的小雅，她没有屈服于金钱和权势，反而因为自尊自爱获得了良机，掌握了自己的命运，这就是人们眼中最美丽的女人。

“如果不能掌握自己的生活，就会被他人控制。”这是美国的阿特金森曾经说过的一句话。不卑，不会因为被人怜爱而生许多麻烦；不亢，则不会因为过于傲慢而招来他人的嫉妒与陷害。不卑不亢、淡定如水的女人无论在任何场合、与任何人相处都能够从容不迫、游刃有余，这不仅是一种智慧，更是一种气度，而拥有智慧和气度的女人无论外表还是内心都是美丽的。

女人优雅但不高傲

优雅的女人是男人眼中最美丽、也最具魅力的女人，优雅也是每个女人追求的最高境界。如果拥有了优雅，一个只有三分容貌的女人也会变得楚楚动人，相反，一个拥有十分容貌的女人也只能称得上三分美丽。

那么，究竟什么是“优雅”？中国某时尚杂志女主编晓雪感性地道出了“优雅”的真谛：“优雅是得体而精致的外表，丰富而强大的内心；优雅是柔而不娇、坚而不厉的品性气质；优雅是积极乐观、从容淡定的生活态度。”但很多女人在追求优雅时，往往容易陷入一个误区——因为“优雅”的近义词是“高雅”，所以很多人便将“高傲”与“傲慢”、“优雅”与“高雅”等同起来。在她们看来，“优雅”或“高雅”是上等人才拥有的一项特质，而所谓的上等人则是比普通人多了一些财富或者地位上的优越感。因此，为了显示自己的“优雅”，她们将这种优越感无限放大，并在日常的行为、言谈举止中竭力地体现出来。殊不知，这绝不是真正意义上的“优雅”，而是一种等同于“浅薄”的“高傲”。

高傲的人眼中永远只有自己，永远认为自己高人一等，走起路来两眼望天，摆出一副高高在上的架势，与人交谈更是言语犀利、毫不容情。或许在某些方面，她们的确有着旁人无法企及的高度，但是正因为这样的态度令人无法亲近和信服。而优雅的女人则永远是内敛的、含蓄的，尽管她们也有引以为傲的资本，却从不因此而贬低他人，更不会看不起不如自己的人。她们懂得如何尊重他人，也知道如何照顾他人的感受，她们从不将自己的意愿强加给别人，言语温和、善解人意，从不令他人难堪，并且总能时时替他人着想。与这样的女人交谈是一种享受，和这样的女人交往则令人心旷神怡。

莎莎出身名门，又在国外一流的大学留过学，回国后进入一家大公司担任公关部经理一职。她一直认为自己是公司最有魅力也最美丽的女人，但是在圣诞节的联欢会上，她的这份自信被击了个粉碎。

联欢会上，有好事者建议评选“公司最美丽的女人”，莎莎本以为这顶桂冠非自己莫属，然而令她意外的是，大家评选出来的却是后勤部年近40岁的张姐。望着她那张爬上皱纹的脸和微微发福的身材，莎莎百般不解，不要说自己，就是公关部任何一个年轻靓丽的女孩，论身材、论容貌、论气质，都绝对比这个张姐强百倍呀！难道公司里的男人们都瞎了眼吗？

莎莎越想越气，回到家禁不住和父亲说起这件事。父亲沉思了一会儿，说：“那个张姐我认识，她虽然不年轻了，但是却因为从小受过良好的教育，有一种与生俱来的优雅和从容。对于公司的高管也好，新进的小职员也好，她都文雅有礼，和善可亲。无论是工作还是生活中，她从来不会与人争执，失了分寸。她说话、做事，也一直从容不迫、有条不紊。因此，所有的人都喜欢与她相处，因为与她相处，会令人身心放松、如沐春风。她的美丽源于她的优雅，这是任何单凭姣好容貌的女孩都无法比拟的。”父亲拍拍女儿的手说，“莎莎你要记住，优雅不是装腔作势的清高，更不是处处显示优越的高傲，而是发自内心的尊重与体谅，明白吗？”

莎莎心悦诚服地点了点头。

当时与莎莎一样对评选结果大惑不解的想必大有人在，但是莎莎父亲的一番话却道出了优雅的真谛。女人的优雅源自内在，绝不是光凭美丽的外表那样简单。外表的美丽固然令男人着迷，但是内心的优雅却能令所有的人倾倒——无论是男人还是女人，无论是年老的还是年少的。然而优雅绝不是“装腔作势的清高，更不是处处显示优越的高傲，而是发自内心的尊重与体谅。”只有尊重与体谅他人，设身处地地为他人着想，才能令自己的心境恬淡如水，不骄不躁，举手投足优雅自若。

女人内心的傲慢和外在的张扬就像一把利刃，会令身边的人不敢正视、无法亲近。因此，若想成为一个真正优雅如兰的女人，就必须放下内心的高傲，视自己为常人，只有这样才能达到美丽的最高境界。

谦逊是一种优雅的自信

有人说“谦逊”和“自信”是一对反义词，但其实它们之间却是相辅相成的。一个人若是过于谦逊、没了自信，就会变得自卑；而一个人若是过于自信、没了谦逊，则会变成自负。谦逊和自信都是做人的一种风度，若想做一个优雅的女人，尤其要掌握好两者之间的平衡与尺度。

顾名思义，“自信”就是相信自己，相信自己的能力、学识和才华，自信的女人就像阳光下的白杨，有着挺拔昂扬的气质与从容不迫的神态。这样的女人有着强大的内心，面对生活和事业上的一切都能够做到胜不骄、败不馁，不急不躁、从容淡定。自信的基础是了解自己，只有对自己的能力和学识充分认识与了解，才不会急功近利、自我膨胀、盲目骄傲。但是生活中却有很多女人误把“自信”当“自负”，她们做一切事情、说一切话语之前喜欢营造一种气氛，先声夺人、气势如虹，仿佛不这样做就不足以显现自己内心的强大与自信。其实，这恰恰是不自信的表现。因为自信源自内心，始终相信自己会拥有或得到梦寐以求的一切，而不是因为拥有或者得到了之后才相信自己、信任自己。所以真正自信的人不会虚张声势，更不会咄咄逼人，而是内敛的、温和的、谦逊的。她们相信自己，坚持原则，从不怀疑，也毫不动摇，正因为这样，她们待人接物的方式才会温婉有礼，这样的女人更富有魅力，也更令人敬重。

《情人》的作者玛格丽特·杜拉斯是法国著名小说家，同时也是一名积极的参政者。1943年，由于她参加了一个反对希特勒政权的集会而被法西斯追捕，于是准备到小镇格雷诺布尔暂避风头。

火车上，和她同一包厢的除了一对母女，还有一个名叫布拉瑟的法国著名男演员。他曾经在报纸上猛烈地抨击过杜拉斯的新作《无耻之徒》，认为这部小说充满了恐惧和欲望，亵渎了孩子们神圣而纯洁的心灵，所以他一眼就认出了杜拉斯。旅途中，布拉瑟依然坚持自己的观点，强烈地建议杜拉斯改变写作风格。杜拉斯面带微笑，听完了布拉瑟带有攻击性的言论，她谦逊地说："很高兴您能仔细阅读这本小说，我还以为会没有人愿意看它呢。"接着，杜拉斯说："不过这是我独立完成的第二部小说，今后我还会继续写下去，希望您能继续关注，并给我提出中肯的意见。"然后她讲到了自己创作的动机和对当前社会的看法，布拉瑟原本以为杜拉斯是一个利用性描写来吸引读者眼球的浅薄女性，却不料她竟有如此丰富的内涵与独到的见解，因而一改之前对她的误解与不屑，两人相谈甚欢。

突然，两个纳粹军官闯入了包厢，要查看他们的身份证明。布拉瑟立即起身与军官寒暄，他们都认出了这位著名演员，都说很喜欢看他的电影。这时，一个军官似乎认出了杜拉斯，刚要开口询问，布拉瑟立刻亲昵地揽住杜拉斯的肩膀，笑着说："请允许我介绍你们认识我的妻子。"两个军官礼节性地点了点头，退出了包厢，杜拉斯逢凶化吉。

杜拉斯的风度令人折腰，想象一下，若是当时她对自己的作品过于自负，不听进他人的意见，那么或许就是另外一种结局了。显而易见，杜拉斯谦逊的态度赢得了布拉瑟的好感，而她对自己作品的坚持与自信更赢得了布拉瑟的敬重，所以在紧急关头，布拉瑟挺身而出，不顾危险，帮助杜拉斯摆脱了困境。由此可见，真正有学识、有才华的人往往是虚怀若谷的，他们因为自信所以能够诚恳地接受他人的意见，听取他人的建议；而那些表面上看似自信其实内心空虚的人是不会也无法做到这一点的。很多女人表面上看起来很骄傲，自信满满，但其实内心缺乏真正的自信，所以不可避免地产生害怕失去的恐慌，因此需要更多华丽的骄傲来粉饰自己内心的空虚。但她们也并非不谦逊，而是她们的谦逊只在优越于自己的人面前才会表现出来。这绝不是真正的谦逊，而是一种虚伪的、做作的"谦逊"。

所以，"谦逊"和"自信"是一种和谐统一的美好品质，也是女人在追求生活幸福、事业成功过程中所必须具备的一种素养，所谓"低调做人，高调做事"正是这个道理。只有真正懂得谦逊与自信的内涵，并真正做到一点的女人，才能称得上是真正高贵的女人。

率真直言，保持优雅俘获人心

每个男人都仰慕优雅如兰的女人，所以有的女人便通过故作矜持来博取男人的青睐。其实在大多数男人的心目中，率真的女人才是无比可爱的女人。率真的女人就像滴晶莹剔透的水珠，内心的喜怒哀乐一望到底、一目了然，不用费尽心思去猜测，也无须绞尽脑汁去揣摩。和率真的女人相处，简单而轻松，而这正是许多男人理想的交往对象。

不同的女人有不同的性格，矜持的女人犹如男人心中虚幻的女神，而率真的女人则如男人心中可爱的公主。有人曾经在网上做过一项调查："假如可以选择，你会选择《红楼梦》中哪一位女子作为人生的伴侣？"得票最高的不是林黛玉也并非薛宝钗，而是率真爽朗的史湘云。与林黛玉的矜持自傲、薛宝钗的圆滑世故以及王熙凤的精明算计截然不同，史湘云美在爽朗明快，她无视高低贵贱，也不拘男女之别，以一片坦诚之心对待每一个人，想哭就哭，想笑就笑，毫不做作，一言一行、一举一动都发自内心。这样一个心意明媚的女子为人旷达豁朗，有着一种入世的情趣，怎能不令世间所有男子倾慕？

率真的女人心事全都写在脸上、流露在言语之中，喜好憎恶一目了然，不必费心去猜，也不必担心落入圈套，因为一个率性的女子是绝不会做出阴险狡诈、伤害他人之事的。或许有人会说："害人之心不可有，防人之心不可无。"过于简单率直，是否也会令自己容易受到伤害？话虽如此，但世界毕竟还是美好的，若时时刻刻小心翼翼、如履薄冰，并且始终将防范他人作为人生第一要务，又怎么享受生命的美好、体会人间的真爱呢？并且率真的女人以一颗赤诚之心对待他人，大多数人都会被她的热情与善良所感染，又怎会处心积虑地伤害她呢？

小A和小B年龄相仿，大学毕业后同时进入这家公司做文员。两人性格不同，为人处世也大相径庭。

小A性格内敛，由于从小在单亲家庭长大，妈妈耳提面命"人心险恶，

时刻要提防他人”，因此小A说话做事从不流露真心，不轻易得罪他人，也不轻易插手他人的事务，只管种好自己的一亩三分地，时间长了，大家对她也是客客气气，却没有一人与她深交。

小B则恰恰相反，她性情率真外露，是个“自来熟”，很快与大家打成一片。她的性格有些像孩子，心里有什么就说什么，从不遮遮掩掩，也从不拐弯抹角、让人费心猜疑。当然，她的心直口快也得罪过不少人，但都是为了工作上的事，而且事后她会全然忘记，依然“哥哥、姐姐”地叫着，令人无法与她结仇。

后来，由于经济危机，公司裁员，小A名列第一批裁员名单，而小B却升了职。小A十分不解：“为何我从不得罪他人，却没有一个人为我说句话？我和小B做着同样的工作，我被裁撤，而她却升职，这究竟又是为什么呢？”后来有人偷偷地告诉她，大家都认为她性格过于内敛，难以相处，而小B则率真得像一朵向日葵，明媚而开朗，充满活力与朝气，所以大家都很喜欢她。

小A和小B的故事告诉我们，率真的女人最能俘获人心，不仅是男人，连女人也大多愿意与这样的女人交友、相处甚至共事。尤其在当今社会，每个人都将自己的心事隐藏得很深，从而造成人与人之间的渐行渐远、日渐产生隔阂。而率真的女人就像一朵向日葵，简单明了、明媚动人，又怎能不吸引人呢？

和率真的女人交往没有心理负担，你不必时刻提防她，也无须担心在不经意间得罪她，和这样的女人相处，轻松而自在。但率真并不是口无遮拦、揭露他人隐私、刺伤他人隐痛的借口，因为率真的女人必定是善良而大度的，她的心中没有杂质，有的只是孩童般的纯真与善良，这样的女人不会故意用言语来伤害你，更多的则是体谅和理解你。所以，一个真正优雅的女人一定有着孩童般明亮通透的内心，率真坦荡的胸怀，而这正是一切优雅女人最打动人心的所在。

真诚是一种无形的力量

曾几何时，“王小丫”这个“俗到极致便是雅”的名字借着《开心辞典》这个平台，红遍了大江南北。她没有娇艳的容貌，也没有曼妙的身材，但是她那招牌式的真诚的笑容和语言却打动了所有观众，成为中国最知名、最受欢迎的主持人之一。她的真诚造就了她的亲和力，而这正是她被无数观众所接纳和喜爱的主要原因。作为一个主考官，尽管她不能给人以提示或暗示，但是她真诚的笑容和表情却令无数答题者放松了心情、消弭了紧张、发挥了最佳水平。人们都说，王小丫是一个令人印象深刻的女人，只要一眼，你便忘不了她真诚的微笑和她那真诚亲切的话语。

古人曾经说过：“诚者，物之所终，不诚无物。”可见，真诚在为人处世、待人接物中有着多么重要的地位。真诚是人与人交往的基础，更是沟通人心最佳的桥梁。若是缺乏真诚，无论语言多么动听、辞藻多么华丽，都无法打动他人的内心，更无法引起他人的共鸣。大量的事实证明，一个女人最有魅力的时候便是她带着真诚的微笑、说着真诚的话语的时刻。言语之中假如没有真情实意，那么即使话讲得滔滔不绝、委婉动听，都不能说到对方的心坎上，也丝毫不能令人对你产生好感。

所以，真诚的感情在人际交往中比任何东西都重要，正像一位业内人士评价王小丫的笑声时所说：“说不上多好听，但它却很正常。”就是这个“正常”令人感受到了王小丫的真诚，那是毫不做作也绝不虚伪的笑声，摒弃了职业的修饰，所以才能够迅速拉近双方的距离，令他人油然产生好感与亲近感。从这个意义上来说，真诚有着其他一切都无法比拟的力量，尤其在人际交往中。所以，很多时候，与其注重说话与沟通的技巧，不如将自己的真情实意融入其中，你会收到意想不到的效果。

全玉敬是韩国家喻户晓的女企业家。在她所著的《一个女人的创业史》中，她讲述了这样一个故事：

韩国的江南首次允许开办业余学院，全玉敬怀着喜悦的心情来到江南区教育厅申办创立学院的事宜，但是教育厅的办公人员并不热情，相反，他们态度生硬，时常不耐烦地冲全玉敬发脾气，对她所提的许多问题也置之不理。这时，有人悄悄对全玉敬说："塞个红包吧，好办事。"但是全玉敬没有听从这个人的劝告，而是一趟一趟地往教育厅跑，见到每个人都真诚地微笑、打招呼，办理手续的过程中也极为谦和真诚，最后，办事人员被她所打动了，给她办了许可证。拿到许可证的那一天，全玉敬和丈夫买了一箱保健饮料请办公人员品尝，并真诚地说："哪天一起喝一杯吧？"办公人员哈哈笑着说："免了吧！像你们这种既无门路又无财力的人，照顾一下也是理所应当的嘛！"后来，由于有人状告江南区教育厅的某办事人员收受贿赂，全玉敬在接受调查时，据实说明并无此事，而且很好地帮助她解决了难题。之后，江南区教育厅的办事人员对全玉敬十分感激，无论她去办什么事情都非常热情，千方百计给予方便，大家像朋友一样相处。

全玉敬用自己的真诚化解了江南区教育厅办公人员的冷漠与生硬，并且收获了同样的真诚与帮助，甚至成了朋友，这是一个红包所无法达到的效果。奥地利著名心理学家阿尔·阿德勒曾经说过："一个对他人不真诚的人，一生中会困难得多，对别人的伤害也最大。所有人类的失败都出自这种人。"因此，与人交往，最主要的就是让别人体会到你的真诚，感受到你的真情，只有这样，才能得到他人真诚的回报。

缺乏真心与真诚的语言就像一束没有生命的绢花，再美丽也会令人觉得虚假造作。一个若缺乏真诚的女人，就如同这束没有生命的绢花，无论说什么都会令人索然无味、面目可憎，自然也就无法建立良好和谐的人际关系。语言是人际交往的桥梁，饱含诚意地将自己的内心感受传递给他人，他人才会打开心扉接纳你，从而实现真正意义上的沟通与交流。

恬淡如水的女人更优雅

女人的优雅是智慧和修养的积累，一个优雅的女人必定极其注重提升自身的修养与内涵。她们注重生活的品位，却不会被名利所累；她们享受生活的乐趣，却不会耽溺于奢靡。她们懂得如何将物质消费转变为精神享受，她们更懂得怎样将生活的平淡和事业的艰辛转化为意味深长的人生哲理，而正是洞彻了其中的韵味和哲理，所以优雅的女人才拥有如水般恬淡的心性和从容的处事态度，而恬淡如水反过来令女人的举手投足更加优雅，谈吐更为迷人。

人们常将女人比喻为水，优雅的女人就像水一样恬淡无争，她们的言语就像水一样温润柔和，令人一直舒润到心底，并在不知不觉之间接受她们的观点，赞同她们的意见。这就是水的力量——“天下之至柔，驰骋天下之至坚”，这也是恬淡如水的女人的力量。从她们的口中，你永远听不到刺伤人心的话语，在任何场合，她们都不会令你感到难堪或者无法下台。但是水又有着穿石的力量，它的坚忍不拔、百折不挠的精神更加令人肃然起敬。如水般恬淡的女人也是如此，她们的柔弱隐忍并不意味着软弱可欺，她们的随和可亲并不意味着可以任人摆布，相反，她们有自己坚守的原则——尊重他人，也尊重自己。这是她们为人处世的态度，也是言行举止的准则，只有这样，人们才会发自内地真正地尊重并信服她们。

格林先生是美国知名的大律师，受他的影响，格林太太也决定从事律师这一职业。她不顾别人的嘲笑和丈夫善意的劝阻，经过刻苦的自学和努力，终于取得了律师从业资格证。从她拿到证书的那一天起，她的丈夫就断言：“你不可能成为一个好律师，因为你的性格太柔和、太温婉，无法应对尔虞我诈的小人，更无法应对法庭上明枪暗箭的舌战。”为了证实自己预言，格林先生将手上准备受理的一桩案件交由格林太太处理。

果然，在法庭上，格林太太一开始就受到了来自对方律师的压迫，对方由于她是一位刚刚入行的新人，因此根本就不把她放在眼里，言辞犀利、咄咄逼人，大有不把她逼入绝境誓不罢休的势头，根本不给格林太太任何辩驳的机会。对于对方律师的逼迫，格林太太始终面带微笑认真地倾听着，不时地在本子上记录着什么，但自始至终没有突兀地打断对方，更没有流露出胆怯或者愤怒的神色。当对方律师滔滔不绝一番之后，在法官的示意之下，格林太太开始发言。她先是就对方辩论中的几个漏洞提出质疑并且予以反驳，然后就己方当事人的情况进行了申辩，最后陈述了自己的观点，得出结论。在发言的过程中，格林太太始终神情淡定，语言流畅清晰、有条不紊，语速适中，语调平和，侃侃而谈。她的话语如同涓涓细流潜入人心，不仅法官、陪审团以及旁听者都为之所吸引，细心倾听，就连对方律师也流露出了信服的神情。

结果格林太太获得了胜利，格林先生不由得对自己的妻子刮目相看。但是他不解地问妻子："为何你在那样的环境下依然能够保持淡定？你就不怕自己的第一场官司输了吗？"格林太太淡淡地说："因为我相信令人信服的是正义与真理，而不是言语的犀利和声调的高低。真理在我心中，我坚信自己一定能赢。"

"天下莫柔弱于水，而攻坚强者莫之能胜，以其无以易之。弱之胜强，柔之胜刚。"这是老子对水的赞誉，又何尝不是对恬淡如水的女人的赞美？面对对手的咄咄逼人，格林太太采取了以柔克刚的方法，用平和的语调、条理的陈述抓住了听众的心，并用事实的依据令众人信服，根本无须歇斯底里地吵嚷吼叫，更无须气急败坏地争执甚至攻击，结果大获全胜。

由此可见，只要内心足够强大，是无须借助外力张扬的，而只有拥有强大内心的女人才会拥有从容不迫的气度和优雅迷人的举止言行。而女人的优雅则来自于内心的恬淡，成熟自信的神态，亲切温和的话语，落落大方的举止均能够折射出女人丰富的内涵和修养。然而，女人迷人的优雅姿态并非与生俱来，它需要后天的不断修养与锤炼。因此在每一个寻常平淡的日子里，都要时刻提醒自己——保持一颗恬淡简单的心，修复自己日渐

粗粝的灵魂，使内心永远保持温婉和喜悦。只有这样，才能让优雅成为一种自然而然的习惯，无论言行还是举止，都那么令人舒适、舒心。

好口才要有足够的底蕴

许多女人和朋友闲聊，或者与陌生人交谈，常常无话可说，于是抱怨、哀叹自己天生没有一副好口才，或者埋怨自己太胆小。其实，这种想法是片面的，好口才并不是与生俱来的，也不是说胆子足够大就可以，拥有好口才是要有足够的底蕴作为基础的。写文章讲究“读书破万卷，下笔如有神”。说话其实和写文章是同样的道理，只有底蕴丰富了，才能够妙语连珠，言语表达有水平、有见解、有说服力。

谁见过一个目不识丁的女人能妙语连珠呢？好的口才是建立在深厚的学识基础之上的，如果脱离了这个根本，那么言谈就会成为“无源之水、无本之木”，淡而无味，如何说服别人呢？因此，交谈最根本的条件是：既要有充实而有价值的内涵，又要善于表达，使人听得痛快，而且回味无穷。所以“有话可说”实在不是易事，要达到“言之有物”的境界，更需要不断学习，力求充实自己。

缜密的思维，幽默机智的应答，准确的表达，这一切无疑都来源于广博的知识。女人有内涵才能妙语连珠，倾倒众人。要想使自己的语言具有艺术魅力，光靠技巧是不够的，一味地追求技巧而忽略自身的素质培养只能是舍本逐末。因此，我们在学习语言技巧的同时，还应该全面地提高自身的学识修养。具体来讲，应该从以下几个方面多下工夫：

1. 广泛阅读

爱看报纸和新闻节目的似乎多是男性，而作为女性，其实也不能脱离那些似乎跟自己没有关系的政治大事。你不能做一个“一心只知穿着打

扮，两耳不闻窗外事”的女人，除非你不说话，否则你一开口别人就能发现你的肤浅。

日常生活中，我们每天都离不开报纸、杂志和书籍。在读书或看报时，备一支笔、一些卡片纸和一把剪刀，把所见到的好文章或让自己心动的话语画出来，或者剪下来，抑或摘抄在卡片上。每天坚持做，哪怕一天只记一两句，也是很有意义的。日积月累，在谈话的时候，也许它们会不经意地从你的口里蹦出来，让你尽情地侃侃而谈。

2. 积累警句、谚语

在听别人演讲或别人谈话时，把一些警句、谚语记在本子上，久而久之，你谈话的素材会越来越多，你的口才就会越来越好，甚至出口成章了。

3. 关注生活，加强生活积累

很多女人在和别人谈话的时候言之无味，那是因为她缺乏生活的积累，说的都是一些不着边际的废话。所以，要想拥有好口才，加强生活积累显然至关重要。所谓“厚积薄发”是有一定道理的，因为言语是以生活为内容的。因此，对于身边的大小事情要经常关注，以吸取对自己有用的东西。对于所见所闻要加以思考、研究一番，尽量去了解其发生的过程、意义，从中悟出一些道理。这些都是学习和积累知识的机会。在日常生活中，要随时计划、安排、改进生活，但随意性不能太强，否则会使机会白白溜走。

你若想做一个说话高手，就应静下心来努力积累知识，拓宽视野。你若不想说话空洞无物，就应下决心武装自己的头脑，变得博闻强识。

4. 运用好谈话素材

对于谈话素材，一方面要认真地吸收，另一方面要好好地运用。若懂得如何运用，一句普通的话也可以带给你惊人的效果。学习吸收是为了更好地应用，不能应用地吸收是毫无意义的。

第2章　韵味十足，知性女人谈吐卓尔不凡

“知性”一词最早来源于德国古典哲学专用术语，现在常用于形容有内涵、有文化、有修养的女性。知性的女人由内而外散发出一种独特气质，那是一切外在的容貌和修饰都无法企及的美丽。知性女人有着卓尔不凡的气质，谈吐之间更是韵味十足，这便是她们的魅力所在。

知性是女人最独特的气质

提起知性女人，大家的脑海中就会浮现出这样一种印象：她不一定美若天仙，但却一定具有某种独特的气质，这种气质令人着迷，它如同春风一般令人赏心悦目、心旷神怡。她或许没有年轻女孩的靓丽夺目，但却有着年轻女孩所不具有的成熟、睿智、内敛和从容。如果将年轻的女孩儿比作欢快明丽的小溪，活力四射，那么知性女人就如同平缓柔和的江河，温婉有致，虽然少了四溅的浪花，但却多了一份令人沉静的韵味，而这韵味便是岁月的积淀和馈赠，是流年之后的练达与智慧。她们高雅却不孤傲、自信却不张扬、内敛却不呆板，就像一块被时光和岁月精雕细琢的璞玉，晶莹温润、美丽圆熟，令人无限神往。

知性女人必定有良好的品德修为和文化素养，和普通女人相比，她们的内在美更胜于外在美，而这种独特的内在美大多来自后天的修养和文化积淀。演员刘若英、主持人鲁豫、歌唱家蔡琴，她们或许不是各自圈子里容貌最漂亮的，但绝对称得上是美丽女人的代表。她们的美丽来自她们的才情，而才情就是女人最长久的吸引力。韶光易逝，容颜易老，唯有知性美经得起时间和岁月的洗礼与考验，并且如同美酒，年代愈久远，其韵味愈悠远，其内涵便愈丰富。

所以，培养女人的知性美关键在于知识与文化的积累，知性女人的定位，首先必须有知识、有文化、有品位、有才情。她可以没有天生丽质的容颜，但却一定要有高雅从容的仪态；她不一定有婀娜多姿的身材，但却必须关爱健康、珍爱生命；她未必蛮横固执，但却一定有自己的主张和见解。灵性与弹性、感性与理性的统一，就构成了知性女人最持久的魅力、最独特的气质。

2000年11月30日晚，一场比总统竞选更加吸引眼球的世界小姐选美大赛在英国伦敦拉开了帷幕。来自90多个国家和地区的佳丽云集于此，向全球20多亿观众展示她们的美丽，同时角逐第50届世界小姐桂冠——“全球最美丽女人”的称号。

和以往单纯注重美女选手们的外在美不同，这一届的选美评委们更加注重佳丽们的个性、才能和学识，“美得有内容”成为此届选美大赛的口号。在身着比基尼泳装造型、显示了姣好的身材之后，选手们身着高雅的晚装，出现在T型台上，向观众和评委们显示了她们优雅的仪态。最后，她们开始回答大赛司仪的提问，展现自己的智慧和学识。

印度选手乔普拉是一个很有才华的女子，除了钻研自己的专业——临床医学，她还有着广泛的兴趣与爱好——她喜欢写歌、作诗，爱好阅读、音乐，擅长舞蹈，除了母语，她还说得一口流利的英语，所以在面对著名主持人杰里·斯普林格的提问时，她始终气定神闲、沉着冷静。当杰里问她：“你心目中的世界小姐是什么样子的”时，她回答：“现在的世界小姐选举已经历了一场革命……而那个赢得世界小姐桂冠的人必须是全世界年轻女性所效仿的典范，她必须健康与学识兼备。”

“那么，”主持人穷追不舍，“你最崇敬哪一位活着的人？”乔普拉不假思索地回答：“特丽莎修女（一直在加尔各答照料贫苦儿童的诺贝尔和平奖获得者，但已去世）。”全场哗然，大家都觉得乔普拉这次的回答有些文不对题，但是乔普拉丝毫不慌乱，而是巧妙地话锋一转，她说：“她永远活在我的心里。”乔普拉的沉着机智令人惊叹，甚至有媒体感叹说：今后的世界小姐有可能会成为外交家。

在整个评选过程中，乔普拉都镇定自若、泰然自处，她的机智和才华赢得了众多评委的一致好评，最后将“世界小姐”的桂冠收入囊中。在获奖感言环节，她说：“赢得桂冠能迅速开拓我的视野，我会投入到新的角色里……我现在想要做的事是要为提升我们国家的文明尽一份力。”她做到了。尽管获得了10万美元的巨额奖金和随之而来的种种荣耀，但是乔普拉却不为所动，她信守诺言，访问学校、孤儿院、医院和家庭，参加了宣传妇女工作、防治艾滋病和小儿麻痹症等各类公益活动，并成为世界教育和改善女学童组织的形象大使。

其实在当年的世界小姐争夺中，单论容貌，乔普拉并不是其中最出色的，但是她之所以勇夺桂冠，主要在于她的才华、学识、机智和自信打动了亿万观众和评委，而这些正是知性女人所具有的独特魅力。所谓“腹有诗书气自华”，乔普拉丰富的内在美赋予了她独特的气质，这就是她成为全世界“宠儿”的主要原因。然而她却没有“恃宠而骄”，而是在“世界小姐”这顶金光闪闪的桂冠的鞭策下，投身于祖国的公益事业，令自己的人生更加美丽、更加富有内涵，这也是一切知性女人所追求的生命的意义。

当然，即便有些文化、才学很高的女人，在待人接物、言行举止方面也往往会有缺乏教养的一面，这就说明要想成为一个知性女人，除了拓展视野、积累知识之外，还要注意自身素质与涵养的提升，形成宽以待人的淡泊心性、积极乐观的人生态度以及拥有广泛的兴趣爱好。

深入浅出更显才识和深度

才华横溢是知性女人的特征之一，一个知性女人必定博学多识、思路清晰、见解独特。但是这并不代表知性女人说话就一定深奥难懂、令人摸不着头脑。相反，知性女人从不“掉书袋”，更不故弄玄虚、假装深沉。深入浅出，用浅显的语言打动人心、说明道理，才能够显示知性女人真正的才华。享负盛誉的我国著名主持人杨澜就是最杰出的代表之一。

心莲与阿凯两情相悦，很快步入婚姻殿堂。心莲品貌兼优，阿凯捧在手心怕摔了，含在嘴里怕化了，总想给她最好的生活和最完美的物质享受，但是阿凯一直没有找到发财的门路，每月的收入只够维持基本生活，日子过得紧巴巴，阿凯因此常常愁眉不展，总觉得心莲跟着自己受了委屈。

心莲看到这种情形，心里虽然着急，但是嘴上却不说什么，她是在找合适的机会。

有一次，他们去看望一个住院的朋友，朋友年纪轻轻却一身毛病，苦笑着说这都是拼命工作累出来的。心莲问阿凯：“假如给你100万元，来换取你的健康，你愿意吗？”阿凯马上回答：“当然不愿意。”心莲抿嘴一笑。

又有一次，他们路过一幢别墅，看见从里面走出一个白发苍苍的老者，心莲问：“假如让你也住上这样的房子，但是必须变得和这个老人一样老，你愿意吗？”阿凯毫不犹豫地说：“当然不。”心莲又是淡淡一笑。

有一天，他们看电视，新闻报道有一位高官因受贿贪污而被判处死刑，心莲问阿凯：“假如给你和他一样的地位和名利，但是却要你付出生命的代价，你愿意吗？”

“绝不！”阿凯激动地叫了起来。

心莲笑了：“原来我们已经这样富有了呀！”

阿凯愣住了，但他很快明白了心莲的良苦用心。他一把抱住心莲，感动地说："是的，我们有着100万元、别墅以及高官厚禄都换不来的健康、年轻与生命，这就是我们最大的财富，我们还拥有一双能够创造财富的双手，又有什么好发愁的呢？"

从此，阿凯变得快乐和开朗起来，他和心莲认真地工作，快乐地生活，再也不奢求和迷茫，简单而充实地过着每一天。

人的才华和学识往往通过语言来直接体现，但是有时过于深奥、晦涩的语言不仅不能够展示你的才华和学识，反而会令人难以理解和接受。这可能是由于对方的文化水平不高而导致的，也可能是由于对方的视野不够开阔、心胸不够宽广所造成的。就算是对方的学识水平与自己相仿甚至高于自己，但人们在心理上很难接受、也不愿意接受空洞的大道理和故作高深的说教。正如上文中的阿凯，假如心莲一味地给他讲大道理，阿凯很可能听不入耳，也无法接受，然而心莲却没有讲一句大道理，而是用现实中的小事例深入浅出地让阿凯领悟了这样一个道理——人生的财富不只有金钱，生命和健康远比金钱重要——使阿凯幡然醒悟、豁然开朗，这比讲一千句、一万句空洞的大道理更加有说服力、也更容易为人所接受。

所以，真正有才识的女人绝不会用高深的语言来故弄玄虚，更不会卖弄自己的口舌之欲。深入浅出、用浅显平常的语言、平白朴实的词句令听者领悟其中的深意是一个知性女人的智慧所在，更能体现知性女人的深度和风度。否则，就算自己的学识水平再高，也无法被人认可和接受。

时而张扬，时而内敛

有人说，张扬与内敛是水与火的对立，截然不同，但是一个知性女人却能将两者很好地统一协调起来，达到一种平衡，而这个平衡就决定了她的美丽与优雅。

如果将张扬比作滚滚长江东逝水，那么内敛就如同一弯宁静的深潭；如果说张扬是少年肆意挥洒的朝阳，那么内敛就是老年人视若珍宝的晚霞；如果说张扬是烈日下盛开的鲜花，那么内敛就是夜色里朦胧的月影。所以张扬与内敛，无所谓好与坏、是与非、对与错，但是万事万物皆有度，假如过于张扬，烈日会使娇艳的鲜花枯萎；假如过于内敛，再香醇的美酒也只能被湮没在深巷之中。

所以知性而聪慧的女人懂得使张扬与内敛在自己的身上达到完美的统一。张扬是因为她们从不掩饰自己的光芒，因为她们足够自信。丰富的内涵与才华令她们在举手投足之间流露出一种从容不迫。她们心智成熟，头脑明晰，无论对人、对事都有洞彻的了解与领悟。她们审时度势，对时代和社会的脉搏把握准确而又独到，她们有自己的见解，从不人云亦云、亦步亦趋。所以知性女人的谈吐睿智，如同温润的珍珠，淡淡散发着迷人的光彩。

然而这光芒又是柔和的，因为知性女人懂得如何用理智来控制感性，将一切人与物都拿捏得恰到好处，褪去了年少时的张狂任性，多了一份成熟与稳重。在人际交往中，她们懂得如何表明自己的见解，但同时又顾及他人的感受。历经岁月的磨砺，她们不断充实着内心、丰富着涵养、积淀着经验，就如同酽酽的茶，散发着温润的芬芳，在言谈举止间散发着浓浓的女人味。

20年前，高中同学聚会，小凌春风得意。凭借自己出色的外貌，毕业后小凌嫁了一个富商之子，所以在聚会上，小凌总忍不住向其他同学炫耀自己老公的年轻有为、前途似锦。坐在她身边的李云是当年班上有名的才女，但是姿色平平，因为老公不过是一家小企业的普通职员，最近由于体制改革，又不幸下岗，所以相对于小凌的春风得意，李云显得低调很多。想起当年大家将李云评选为班花，小凌至今仍不服气，因此好几次有意无意地说："男怕入错行，女怕嫁错郎。女人嘛，最重要的是嫁人的时候把自己的眼睛擦亮一点，这样以后才不会后悔。"那种得意的神情大家看了都感觉不舒服，更别说坐在她身旁的李云了。饭吃到一半，李云就借故离开了。

20年后，小凌由于青春逝去、美丽不再，老公移情别恋，将她抛弃了。由于公公健在，所以她老公名下并无多少财产，又加上夫家故意算计，因此离婚时小凌并没有分得多少财产，不得已只好到当地的一家五星级酒店打工。有一日听得众人说："董事长来了！"小凌远远望去，只见一女人高贵典雅，令人不敢逼视。这时，突然听见有人喊自己的名字："小凌！"

"你？你……你是……李云？"小凌几乎不敢相认，若不是眉目之间依稀有着当年的模样，小凌绝不敢相信自己的眼睛。

小凌回想起自己多年前所说的那些话，羞愧得无地自容。她原本以为李云会借机狠狠地羞辱她一番，没想到李云拉着她的手，无比亲切，似乎完全忘记了前程往事。对于小凌的近况，李云只字未问，只对她说现在的工作不适合她，为她换了更好的岗位，又悄悄地提高了她的报酬和待遇。小凌感慨道："现在我才明白，当年的班花为什么是她而不是我了。"

毫无疑问，20年前的小凌是美丽的，否则她也不可能嫁给一个富商之子；但是小凌的美丽随着时间的推移、岁月的流转而黯然消失，所以有人说无情的岁月是女人最大的敌人。但是对于一个善于修炼内心的女人来说，岁月的流逝只会摧残她的容颜，却磨灭不了她动人的光彩，相反，在岁月变迁中她一次次地蜕变，积淀了令人折服的成熟之美，这就是李云的美。以李云目前的身家与地位，完全有资格也有实力狠狠地当众羞辱小凌一番，但是李云却没有这样做，她既不张扬自己的财力与实力，更没有对小凌打击报复，相反却帮助了小凌，同时顾及了小凌敏感的内心，难怪小凌最后由衷地感叹，她终于明白当年大家为何选姿色平平的李云为班花，正是因为李云的内敛与知性之美。

当今的时代呼唤自由新颖、彰显个性，但是在张扬的同时不要忘记中国传统的美德，规范、稳定自己的内心，才能在纷繁复杂的现代社会保持人性的高洁、品质的超群，做一个淡定从容、超凡脱俗的知性女人。

言谈不忘礼貌教养

中国自古以来就是著名的礼仪之邦，讲究礼数向来是中国人引以为傲的传统美德。而这种对礼仪的崇尚在人际交往中也有体现。

女性朋友在交谈中要体现出敬意、友善、得体的气度和风范。要做到礼貌交谈首先就要使用礼貌用语，如“请、谢谢、您好、再见、对不起、打搅了”等。女性朋友在交谈中多使用礼貌用语，是博得他人好感与体谅的最为简单易行的方法，也是交谈的技巧。

“您好”，是一句标准的问候礼貌语。在日常交际中，都会遇到相识者或陌生人，不论是深入交谈，还是打个招呼，都应主动向对方问一声“您好”。若对方先问候了自己，也要以此来回应。有些地方，人们惯以“你吃饭了没有”，“最近在忙什么”，“身体怎么样”，“一向可好”等来问候他人，但都没有“您好”简洁通行、效果好。

“请”，是一句礼貌语。在要求他人做某件事情时，居高临下，颐指气使不合适，低声下气、百般乞求也是不对的。此种情况下，多用上一个“请”字，就可以逢山开路、遇水架桥，赢得主动，得到对方的照应。聪明的女性朋友与人相处时，说个“请”字，既不费力，又不花钱，何乐而不为？

在任何一部汉语词典里，很少有词语一讲出就能立刻赢得一个人的好感，起到化敌为友、抚平自私心理、提高自尊心的作用。然而，“谢谢”这个词却有这种魔力。但“谢谢”常常被人轻视，或因太简单而被忽略，以致我们中的许多人与好人缘失之交臂。我们常常听到这种抱怨，“我并不介意做这些事，只要他每次能说声‘谢谢’”，或者是，“我为她做了那么多，她连声‘谢谢’都不会说”。

如果你想成功地开展工作或与别人融洽合作的话，“谢谢”这个词就必不可少。也是赢得友谊最为可靠的办法。

与人交往，难免说错话、做错事，也就难免得罪人，有时甚至给他人带来精神上的巨大痛苦和经济上的巨大损失。对此，你若能及时认识到自己的错误，诚恳地向他人道歉，并主动承担责任，一般情况下，总是能得到他人原谅的。

勇于道歉是一个人心胸开阔的体现，同时也表现了他的风度和修养。倘若你发现自己错了，又不能及时向别人道歉，甚至千方百计找借口为自己辩解，其结果不仅得不到别人的谅解，相反，道德上还会受到谴责，人格、形象上也会遭受损害，使你失去朋友、失去友谊。因此，任何人都不能轻视道歉的作用。

说到底，礼貌就是对于他人的尊重。在交际场合，我们要给别人发表意见的机会，而别人讲话时，也应适时发表个人的看法。对于对方谈到的敏感问题，不应轻易表态，可转移话题。要善于聆听对方的讲话，不要轻易打断，不提与谈话内容无关的问题。在相互交谈时，应注视对方，以示专心。对方讲话时不要左顾右盼、心不在焉，或注视别处、频繁看手表，或做伸懒腰、玩东西等漫不经心的动作。

女性朋友如果想接通感情的热线，使交际畅通无阻，就需要不断提高礼貌修养，让他人感受到你的热情和分寸。

精致女人，说话简洁扼要

清代画家郑板桥有诗云：“削繁去冗留清瘦。”当今语言大师们则认为：言不在多，达意则灵。可见，用最少的字句，包含尽量多的内容，是当众说话水平的最高境界。滔滔不绝，出口成章，是一种“水平”，而善于概括，词约旨丰，一语中的，同样是一种“水平”，而且更为难得。

耶稣讲的伟大的“登山宝训”，在5分钟内可以诵毕；林肯的葛底斯堡讲话，是美国历史上被誉为“最优美的一篇不朽的演说词”！只有10句

话，271个字，仅用时2分钟，却成为林肯一生不朽的纪念！而另一位议员艾弗瑞特滔滔不绝地讲了两个小时，但他讲了些什么，人们早已忘记了。

其实，不管是多么复杂的现象，多么深奥的思想，只需抓住它的核心，就相当于找到了一把钥匙，只要抓到它，就能提纲挈领，一通百通。在与人交往过程中，将会收到“画龙点睛”的效果。古语说：兵不在多而在精——说话也应以“精”为好。

《红楼梦》中贾元春省亲，见了久别而又热盼的弟弟贾宝玉，百感交集，自然应有一肚子话要说。然而，曹雪芹笔下的元春并未发表长篇大论的思念之词，而是拉起弟弟的手，只说了一句话：“又长高了……”继之泪下如雨。在这里，元春实在说得太少了，但是，却使我们更加强烈地感到了她痛苦的内心活动，收到了“以少胜多”的效果。如果让元春滔滔不绝一番，即使言辞中略带善于表示痛苦的成分，但是人们的心灵却不会如“又长高了”四个字触动得那么剧烈。

“言不在多，达意则灵。”无论在什么场合，女性朋友讲话要语不烦乱，字字珠玑，简练有力，使人不减兴味。冗词赘语，唠叨啰唆，不得要领，必令人生厌。

要做到措辞简洁高雅，在谈话中应该着重注意以下几个方面。

1. 简明扼要

说话一般越简明越好，有些人在叙述一件事情时尽管说了很多，但却无法把他的意思表达清楚。听者花了很多时间和精力，仍然不知所云。如果你有这种不良习惯，一定要及时矫正。矫正的最好办法是，说话之前，先在脑子里拟一个初步的计划，然后再把计划要说的东西表达清楚。

2. 用语不要过多重叠

在汉语里，有时的确要使用叠句来引起别人的注意，或者加强语气。但是，如果滥用叠句，就会显得累赘。例如，许多人在疑惑不解的时候常常会说：“为什么为什么？”其实，一个“为什么”就足以表达你的疑惑之情，为什么偏要多加一个呢？还有的人答应别人一件事情的时候，常常说：“好好好……”，其实，说一个“好”就足够了。如果你有过类似经历，还是尽量避免。

3. 要避免口头禅

有些人在交谈中非常爱说口头禅，诸如“岂有此理”、“我以为”、“俨然”、“绝对的”、“没问题”等几乎是脱口而出，不管这些话是否与所说的内容有关联。这类口头禅说多了，不仅影响说话的效果，而且还很容易被别人当作笑柄。因此要避免口头禅过多。

4. 不要滥用术语

太深奥的词如专用术语不可多用。日常交际中，过多地使用专业术语，即使你使用得很恰当，也会给别人以故弄玄虚的感觉。满口诸如“形而上学”、“一元论”、“二元论”、“沙文主义”等术语，听不懂的人认为你在炫耀才学，而听得懂的人则认为你非常浅薄。

在当今这个信息时代，人们的生活节奏大大加快，人们不喜欢那些穿靴戴帽、庞杂冗长、繁文缛节的空话套话。说话要想简洁、明快，就要千锤百炼，使自己的词汇富足、思路清晰。如果女性朋友在交际中措词简洁、生动、高雅而又贴切，那么你就会成为一位交际明星、说话高手。

不焦躁，让声音更加恬淡可亲

焦躁是缘于内心的不自由，内心的不自由是因为有太多的困扰。女性天生是一个较敏感的群体，比男性更容易产生焦躁不安的情绪，从而引发更多的问题。因此女性更应该保持平常心，把一切看得淡一些，再淡一些，我们的生活会因此而更加美好。不焦躁，能够使一个女人恬淡自如，说出的话温暖可亲自然会吸引他人，自己也变得女人味十足，同时魅力大增。

小李最近和男朋友闹分手，致使两败俱伤。其实在外人看来微不足道的事情竟然是他们闹分手的导火索。

原来，前几天小李发现男朋友小王和以往有些不同，打电话有时会刻意避开自己，短信也多了起来。起初小李并没在意，时间久了，小李就觉得不太对劲。小李觉得小王一定有什么事情瞒着她，在小李的再三追问之下，小王坦白地告诉小李他前女友失恋了找他倾诉，因为怕小李误会，就一直瞒着她。但小李却说小王不信任她，这样的爱情还有什么意义。小李觉得自己受到了很大的委屈，为此变得极度不安，每天都活在焦虑当中，不久，“战争”爆发了。

这天，小王又背着小李去接电话，小李终于忍不住了，大声地说：“你有什么话不能在我面前说吗？既然这样我们在一起还有必要吗？”说完这些小李已经哭成了泪人。

小王：“不是跟你解释过了吗？两个人在一起要相互信任，我知道你太敏感，所以不想让你担心，为什么就不相信我呢？”说完小王也夺门而出。

两人最终在朋友们的劝解之下又和好如初，但是却引发了我们的深思。作为女人该如何处理好这种不安的情绪，尤其是恋爱中的女人该怎么控制自己的情绪，如何让自己远离焦躁，从而赢得男人的心呢?

（1）要相互信任。没有信任的感情是充满危机的，既然选择了在一起，就应该相互信任，就应该相信你的他会给你幸福，即使他有不对的地方，你也该想想也许他是为了你好。

（2）参加体育锻炼或者多做一些有益于身心健康的活动。通过一些户外活动不仅能锻炼身体，同时还能缓解女性焦躁的情绪。可谓是一举两得。

（3）多沟通。很多人就是因为不能及时地抒发内心的苦闷才出现心理问题的。作为天生敏感的女性更应该懂得与人交流，及时地排遣自己焦躁不安的情绪，做一个健康、迷人的女性。

无话可说时，不如嫣然一笑

微笑是人类最动听的“语言”，无论相识与否，无论彼此之间语言是否相同，微笑总能够迅速拉近人与人之间的心理距离，传递人与人之间的善意与理解。人们利用微笑来表达心中的喜爱、愉悦、赞同、欣赏以及对他人的安慰和期许，微笑是一种无声的语言，善于运用这种语言的女人一定是聪慧并且是善解人意的，所以才有了“微笑是女人最美的容颜”一说。

语言并不能解决一切问题，而微笑有时却给予你意想不到的力量，优雅的女人懂得适时使用微笑来化解一切尴尬或者窘境。或许在某个场合，你突然遇到一个似曾相识但是却想不起名字的人，怎么办？打招呼？但是却想不起对方的名字，那么，这时不妨微微一笑，像个老朋友一般颔首点头，同样能够令对方感受到你的真诚与亲切。或许因为各种原因，你和朋友之间产生了分歧与误解，彼此争执不下，想打破僵局，但是却碍于脸面，那么这时不如嫣然一笑，说不定就能化解彼此之间的误解与纷争。在和下属谈话时，你无须多言，只要一个鼓励而真诚的微笑就足以令对方感受到你的信任，鼓起勇气说出他的真实想法。在日常交际中，也会有陷入沉默、无话可说的境地，这时，与其绞尽脑汁、想方设法寻找话题，不如淡然一笑，让对方感受到你的平和与淡定，让彼此之间流淌着一种默契与融洽，所谓“无声胜有声”说的正是这番意境。

小敏是电影院的检票员，但是工作没多久，她就产生了苦恼：很多熟人——亲戚、朋友、邻居等——都想凭关系无票入场，放行吧，有违单位的规章制度；不放行吧，又不知如何回绝，更害怕伤了彼此之间的感情。所以很多时候，小敏不得不自掏腰包，先放熟人进场，然后再自己买票补上。时间一长，小敏不仅心理上觉得压抑，经济上也出现了很大的压力。无奈之下，她只得请教在另一个放映厅门口检票的黄姐。黄姐想了一下，笑着对她说：“明天你来我的厅和我一起检票吧。”

开始检票了，黄姐像往常一样忙碌着，这时，一个人挤到了入口处，两手空空，脸上堆满了笑容，很显然，这是黄姐的一个熟人，想来“蹭票”的。黄姐看见他，歉意地一笑，很明显地暗示他在喧闹的人群中，自己无法和他说话。黄姐一直忙着检票，那人等得有些不耐烦，又喊了她一声。黄姐依然没有说话，但是却再次嫣然一笑。这时，只听后面有人喊：“进不进去？不进去就让到一边，别挡着道啊！”那人没办法，也只好向黄姐一笑，点头示意，随后离开了。黄姐含笑作答，自始至终没说一句话。

小敏向黄姐竖起了大拇指，随之不解地问：“那熟人不会生气吗？”黄姐说：“我不是不理他，只是身不由己，你用歉意的笑容说明了你的为难，解释了你的无能为力，明事理的人是会理解你的苦衷的；若是不明事理，你又何必在意他怎么想呢？”小敏听后豁然开朗，此后虽然时常有想“蹭票”的熟人，但是小敏却用黄姐教的这一方法巧妙地化解了。

没有人能拒绝一个面带微笑的女人，更不会怪罪一个对你嫣然一笑的女人，这就是女人所特有的魔力。黄姐深知这一道理，不好说，所以不说，只用微笑来告诉对方自己的无奈和歉意，那么，又有谁能够对一个向你真诚地露出微笑的女人生气呢？所以当你不知如何化解困境时，说得多不如不说，真诚地、歉意地嫣然一笑胜过千言万语。女人真诚的嫣然一笑具有强大的感染力，当你对别人真诚微笑时，别人也会不由自主地对你露出善意的笑容。

由此可见“嫣然一笑”绝对是为女人量身打造的一个美丽的字眼。只有优雅聪慧的女人才懂得如何恰到好处地利用这一利器，她利用“嫣然一笑”来传递歉意、巧妙回绝、融洽气氛、化解尴尬、以柔克刚、吸引他人，而又有谁能够抗拒得了女人这“嫣然一笑”呢？

第3章　善解人意，贴心的女人说话有情意

善解人意的女人是男人心目中最渴望得到的女人。在浮躁的现代社会，男人承受着巨大的压力与负担，只有善解人意的女人才是家庭和睦的港湾，才是男人心灵得以憩息的圣地。在生活中，只有善解人意的女人才能够与男人风雨同行、同舟共济。其实善解人意的女人无论在任何场合都是备受欢迎的，因为她们说出的话有情有义、贴心而又温暖。

友好相处时不妨套套近乎

在人与人的交往中，怎样迈出第一步对于有效沟通至为重要。尤其是面对陌生人，如何实现情感交流、令对方敞开心扉，是需要方式和技巧的。善解人意的女人善于巧妙地利用“套近乎”来诱发共同语言、营造和谐气氛、实现友好相处的第一步。

俗话说：“话不投机半句多。”所谓“投机”，就是谈话双方要有共同的语言和话题，否则谈话很难进行下去。所谓“套”，就是“将对方套住”的意思，所谓“近乎”，就是“拉近双方关系”的意思，那么“套近乎”就是“将对方套在自己的圈子里，成为自己的同类人”，只有这样，

才能找到共同语言和话题，才能引起对方的兴趣，实现友好交往。在这一方面，善解人意的女人比粗枝大叶的男人更加具有优势，她们心细如发，善于观察谈话对象的面部表情变化，揣摩其内心情感的变化，从而找出对方关心和感兴趣的话题，在沟通中培养感情，发展交往。

每个人的性格、脾气、爱好、兴趣以及地位、素质都不相同，善解人意的女人能够在交往的过程中因人而异，准确地找到话题的切入点，迅速拉近双方的距离。比如，和学者初次见面，她们会聊聊对方的著作见解或奇闻轶事；和年轻的女孩子聊天，她们会谈谈美容心得或时尚信息；和家庭主妇聊天，她们会说说孩子的教育问题；和老人们聊天，她们则会热心地讨论一下养生之道……总之，到什么山上唱什么歌，见什么人说什么话，善解人意的女人总能很快营造出一种融洽的气氛，令对方产生心理共鸣，达到心灵的沟通。

要实现愉快交谈、深入沟通，“套近乎”不失为一种极好的捷径。每个人的心中都有一个“自我”，而这个自我需要他人的尊重与关怀，善解人意的女人懂得如何尊重和关怀他人，了解他人的兴趣与爱好，所以自然容易走进他人的内心，消除隔阂，实现友好相处。

有时，沟通不一定需要语言才能达到目的，倾听也是聪慧女人“套近乎”的重要招式之一。用心聆听对方讲话，用心感受对方的内心世界，是良好修养的表现，也是走进他人内心的重要方式。善解人意的女人会将更多的表现机会让给他人，而自己则竖起耳朵，用会意的眼神、专注的神态、会心的微笑来回应对方，这样比那些急于表现自己的人更容易获得对方的好感与信赖，更容易走进对方的内心世界。

当然，套近乎并不是信口开河，随意地讨好他人，而是要建立在真诚而不虚伪、热情而不过度的基础上，对于那些无中生有、曲意奉承的“套近乎”，听者不但不会心生感动、产生共鸣，或许还会令人心生戒备、弄巧成拙。所以，套近乎一定要显得自然、真诚，这样才能使对方对你产生更有效、更持久、更牢固的信任。

三言两语表达你的善解人意

亚丽是一家公司的接待员，某一天，公司来了位非常端庄的外籍经理，亚丽的主要任务就是负责招待这位外籍经理，要让对方有宾至如归的感觉。第一天上午，一系列观光行程中，她连续两次路过餐厅时都贸然询问："夫人，您肚子饿了吗？"可是，对方总是客气地摇头。亚丽想，现在用餐时间已过，但是对方还没有吃午饭，为什么她不愿意进餐厅吃饭呢？

后来亚丽终于明白了：原来外籍经理因为人生地不熟，又不好意思麻烦大家，所以想尽快结束行程。想到这里，亚丽忽然有了主意。于是，亚丽换了种方式问："夫人，我早上出门为了赶时间，只吃了一点饼干，现在我有点饿了，听说这附近有家台湾小吃很不错，您陪我吃点东西好吗？"对方听了亚丽的话，自然不好意思再坚持，便欣然前往。

在社交场上，亚丽正是准确地分析了当前的形势，然后从对方的角度出发，细心地感受对方的拘谨与不安，从而完成交际任务。一个善解人意的女人，懂得从不同的角度去看问题，准确地找到问题的关键所在，从而运用自己的聪明才智，解决难题。

当今社会，竞争激烈，人与人之间的关系淡漠，善解人意的女人就像冬日里的暖阳，给他人带来一丝温暖；又像是夏日里的树荫，给他人带来一丝凉意。人际交往中，善解人意的女人能够赢得他人的尊重，建立良好的人际关系，为自己的事业打下良好的基础。

一个善解人意的女人不仅要有宽广的胸襟，对他人所做出的举动，能够包容、接纳，同时还要有聪明的头脑。一个善解人意的女人会运用自己的聪明才智，巧妙地处理生活中的难题，建立自己的人际关系网，努力创造自己的幸福。那么，善解人意的女人是如何修炼的呢？

1．想要善解人意，首先要与人为善，善待他人

美国文学家切斯特菲尔德说："用你喜欢别人对待你的方式去对待别

人。”人，都是需要被别人理解、同情和尊敬的。社交场上，想成为一个善解人意的女人，首先要拥有宽广的胸怀，处处与人为善。只有拥有善心的女人，才能够尊重他人的人格，欣赏他人的才华，包容他人的错误，当双方的观点不一致时，站在他人的角度考虑问题，而不是一味地计较他人的缺点。因此，想要成为一个善解人意的女人，在人际交往中，首先要改变自己的观念，拥有一颗与人为善的心。

2. 人际交往中，能够做到理解人、体察人

与人交往时，善解人意的女人善于发现对方的难处，并运用自己的聪明才智，化解目前棘手的局面。一个善解人意的女人，无论什么时候，都不会以自我为中心，能够设身处的为他人着想。善解人意的女人，在社交场上，更容易得到他人的认同，从而获得更多的友谊，建立更有利的人际关系网。

3. 做一个善解人意的女人，还要善于体察他人的心境，给他人以帮助

人际交往中，对窘迫的人讲一句解围的话，对颓丧的人讲一句鼓励的话，对迷途的人讲一句提醒的话，对自卑的人讲一句振作的话，对痛苦的人讲一句安慰的话……这些精神兴奋剂，既不花什么金钱，也不耗费多少精力，而对需要帮助的人来说，却无异于雪中送炭，也更能够体现出你的个人魅力。

善解人意的女人就像一件玲珑剔透的珍品，让人倍感舒适又珍贵。但是要想成为一个善解人意的女人却并非易事。聪明的女人懂得，想要他人与自己为善，自己首先得与他人为善，做一个善解人意的女人，既可以处理好人际关系，又可以展现出个人魅力。为了自己的幸福，做个善解人意的女人吧！

美丽女人少说闲言碎语

通常情况下，正直的人绝不会说一些闲言碎语。相反，对于一些经常挑拨是非的人，我们常常说他人品不好，素质太差。因此，在一般人看来，口风正的人，往往懂得如何做人。

说人闲话损德。事实也是如此，因为你的闲言碎语为流言推波助澜，进而影响他人的工作和生活，给别人造成很多麻烦。尤其是女人，在制造闲言碎语上可谓登峰造极，哪里有流言，哪里就有她们的身影，对于这样的女人，我们往往嗤之以鼻。

大学毕业后，梅英和其他女孩子一样，积极报名参加了空姐的选拔。凭借良好的相貌和身材，最终她当上了空姐。这让同学们羡慕不已。可是在这个岗位上仅仅待了六个月，梅英就被公司辞退了。这多少有些让人不解。

刚开始上班，梅英对待工作非常认真仔细，成为同事们的楷模，领导常常表扬她。可是因为一次意外，领导对她另眼相看，最终她失去了这份工作。这次意外缘于一些闲言碎语。

原来，和她一起进入公司的一个叫华韵的女孩，喜欢上了公司的基层领导王凯。尽管男方已经有家室，可是女孩还是穷追不舍。同事们之间一时谣言四起。刚开始，梅英并没有参与进去。

这天，和华韵关系不错的另一个女孩说："你们知道不，华韵和王凯被王凯的老婆堵在了酒店里，为此，王凯老婆都闹到公司来了。"

办公室里顿时七言八语讨论开来：

"什么时候的事情？"

"她老婆是怎么知道的？"

"没发生流血事件吧？"

……

出于好奇，梅英也凑过去问："不会是绯闻吧？"

女孩说："我经常和华韵在一起，这还有假啊？"

梅英说："倒也是啊，王凯那么帅气，女孩子喜欢他也是情理之中的事。"

女孩接着添油加醋地说："本来这事也很好解决，问题是现在华韵已经怀孕5个月了。孩子要是生下来，问题可多着呢。"

梅英说："不会吧？都有5个月的身孕了？这可了不得，你说，她也真是的，王凯是有家室的人，这不是拆散人家的家庭吗？"

这时候，领导走了过来，梅英的话刚好被他听到了，领导认为是梅英在传播流言，随即对她进行了批评。

后来，由于这件事情给公司带来了极其恶劣的影响，梅英尽管作了很多解释，但是于事无补，最终她失去了这份来之不易的工作。

案例中的梅英并不是个喜欢挑拨是非的人，可是却因为她的几句闲言碎语，被领导误认为素质低，不会做人，进而辞退了她。作为女人，一定要口风正，坚决杜绝闲言碎语，为自己赢得一个好人品。那么，如何才能做到口风正，避免闲言碎语呢？

1.不要随意发表你的看法

很多时候，我们总是习惯拿自己的标准去衡量别人。对于别人说的不合适的话，做的不合适的事，总会掺杂我们的个人情感。事实上，这在一定程度上就是闲言碎语。对于女人来说，在公众场合，不要随便说出自己的看法，以免祸从口出，给别人留下人品不好的印象。这样你就得不偿失了。

2.多说让人愉悦的赞美话

很多聪明的女人，无论走到哪里，都是夸奖别人，而很少批评别人。赞美的话能给人带来愉悦，也不会得罪人，何乐而不为呢？更重要的是，你懂得欣赏别人，则会让他人觉得你有涵养，人品正。可是你也许会问，有的人浑身是毛病，难道也要睁眼说瞎话，把缺点说成优点吗？当然不能这样。任何人都有优点，你只要说他的优点，忽略他的缺点，对于他来说就是最大的赞美。对于女人来说，更要学会赞美他人，给他人留下好印象。

3.对于闲言碎语听听就行

有些人本身不喜欢说别人的长短，可是周围的人都在说，又忍不住说上两句。偏偏他说的这两句为自己带来了灾祸。因此，对于身边的闲言碎语，我们听听就行了，不要再去发表你的高论。免得祸从口出，给别人留下不良印象。

当别人失意之时，不炫耀自己

生活中，难免遭遇失意，这时候你最不希望看到的就是别人的暗暗得意。所以，在人际交往中，得意时不要随便炫耀，说不准谁就在失意当中，你的得意炫耀无疑是对他人的嘲讽，尽管你没有这样的意愿。但是，对于别人来说会有这样的感受。

如果知道有人正在失意当中，就更不能炫耀自己了。你把自己的愉悦情绪表达了，但是却让别人的内心更加难受。别人会把你的无意发挥当作有意伤害，并因此记恨在心，伺机报复，这对于你来说并不是一件好事。

锦华准备开一家服装公司，开业当天，邀请了很多生意上的朋友过来捧场。杨澜也在其中。和别人不同的是，杨澜最近生意失败了，赔了不少钱，因此情绪非常低落。本不想来了，无奈她和锦华的感情很好，所以，只好硬着头皮前来参加。

剪彩仪式结束之后，锦华邀请朋友们陆续入席。杨澜没有多大的胃口，也只好坐在桌边，捧个人场。锦华知道杨澜的情况，所以事先交代过，今天是宴请，不要谈生意上的事。菜过五味，锦华的一个生意上的朋友最近发了一笔不小的财。由于多喝了两盅酒，对方情绪逐渐高涨，开始大肆吹嘘了。

他说："你们不知道，我最近特高兴，一笔小生意足足赚了6万元，我从来没有赚过这么多钱，今天我要好好地庆祝庆祝。”说着和周围的人干起杯来。杨澜听了，心里不是滋味。

锦华见杨澜情绪有些不对，急忙上前去制止，可是对方正在兴头上，哪里顾得了那么多啊。最后，杨澜只好推托自己身体不舒服，匆匆地离开了。出门的时候，杨澜抱怨说：“不就挣了点钱吗？得意什么啊？好像天底下就他会赚钱似的！”

没过俩月，杨澜的生意渐渐有了起色，而对方却赔了大笔的钱。当他得知自己的合作对象是杨澜的时候，又拉着锦华前去求情，希望杨澜能在生意上帮他一把。杨澜当着他的面笑着说：“你不是很会赚钱吗？怎么也有赔钱的时候啊？对于你这样的老前辈，我们只能虚心学习，哪轮到我来帮助你啊！”说完，笑着离开了。

对此，锦华也无可奈何。

案例中的那位朋友本来无心去伤害别人，但是对于杨澜而言，无疑是对她的讽刺，因此记恨在心。得意的时候不妨低调一些，既是照顾失意人的情绪，也是一种谦虚的表现。这样才不至于得罪朋友。那么，聪慧的女人在他人失意时，如何做才显低调呢？

1.态度上淡定一些

当一个人得意的时候，最想让别人分享自己的快乐。事实上，这并没有什么不妥。但是把你的快乐带给别人的同时，也是间接向别人炫耀你的本事。如果没有本事，自然无法得意。因此，这种时候，态度上要淡定一些。让别人觉得你不骄傲，让别人觉得你根本不在意目前取得的成就。对于女性来说，得意的时候不要将你的喜悦和兴奋表现出来，这于你而言是一种帮助。

2.言语上谦虚一些

有些人因为一时的得意喜欢在别人面前卖弄，来满足自己强烈的虚荣心。殊不知，在言语上炫耀无异于自掘坟墓。同时，也会让正处于失意的人记恨于你，当你失意时，对方会跳出来嘲笑你。那时候，你再寻求帮助，于事无补。所以，作为女人，当你在得意之时，言语上不妨谦虚一些，为自己留条后路。

3.行为上稳重一些

得意之时，很多人内心兴奋，在行为上往往表现得过于明显。这同样会让身边的失意之人大受伤害。因此，当你得意之时，一定要保持内心的平静，切勿过于张扬。对于女人来说，谨记这一点尤为重要。

点到为止，言语间显示儒雅气质

有些时候，把话说得太透了，会让别人没面子。事实上，点到为止即可，表现出你人性关怀的一面，显示出你儒雅的气质。

说话的时候，多考虑别人的感受，这份善解人意，往往能展现出一个人的涵养和修为。作为女人，在人际交往中，要表现得和善一些，温暖一些，从而显示你的儒雅气质。

小雨和小云两家是邻居，而且他们两个人还是同班同学，更巧的是他们还是同桌。所以，两个人经常一起上下学。小雨的头脑很聪明，可就是不用功，而小云却是那种刻苦钻研的孩子。时间一长，小雨的学习一落千丈，而小云的学习却稳步上升。

眼看期中考试就到了，小雨急得犹如热锅上的蚂蚁，而小云却胸有成竹。考场上，小雨趁老师不注意，将小云的试卷完完整整地抄了一遍。试卷发下来之后，小雨考了66分，他对此很满意。可在周末班会上，小雨却无地自容。

小雨的班主任先是总结了这次考试，之后提到了考场纪律的问题，班主任说："在这次考试中，有好几位同学的试卷有抄袭的痕迹。"说完，老师讲了一个故事。

古时候有一个公子哥，平日里不喜欢读书，读了好几年，连自己的名

字都写不出来。但是他却会圆滑处世，明知自己肚子里没有半点墨水，还是打通了上面的关系，贿赂了主考官，最终考取了功名。

然而，他毕竟胸无点墨，更不是当官的材料。不但无法通识上级下放的官文，也无法对州内百姓实施管理。尽管每次他都能想到办法将事情处理得恰到好处，但是纸终究包不住火。皇帝在一次微服寻访中，目睹了他的草包行为。

自然而然，这个来路不正的官员得到了应有的下场。

说完，班主任说："我知道这次你们当中有人抄袭了别人的试卷，你要想清楚，这样做究竟是为了什么，我可不希望你们像那位弄虚作假的公子哥一样，最终被自己的小聪明所害。"听完班主任的话，小雨低下了头，原来班主任早就知道他的成绩是抄袭得来的。

案例中的班主任得知小雨考试抄袭，但是没有直接说出来，而是通过一个故事给予他暗示和教育。在这个过程中，她点到为止，就是充分地考虑了小雨的感受，从她的言语中，我们看到一位儒雅的教师展现出的知性美。作为女人，如何通过言语显示你的儒雅气质呢？

1.说话委婉一些，含蓄一些

聪明的女人在表达意见和建议时，不妨把话说得委婉一些，含蓄一些。这样更容易被别人接受，也更容易体现你儒雅的气质。

2.多照顾别人的内心情感

聪明的女人要想展现自己的儒雅气质，那么就要在说话的时候，多照顾别人的情绪和感受。说话点到为止，这样别人也会愿意为你的善解人意埋单。

3.多展现自己的友善和人性化

女人心肠本来就比男人柔软，这也是女性更容易走进别人内心的原因。因此，女人在说话的时候，尽量展现自己的友善和人性化。传递自己的儒雅气质。这一点对女人而言尤其要注意。

爱他，言语上就要尊重他

两情相悦，两情相依，每一个女孩都渴望拥有。每一份恋情开始时，都曾那么热情浓郁，然而，并非所有的恋情都能开花结果。更多的是，两个人在相处的过程中，会出现情感危机。美国心理学学者斯蒂芬·斯托斯尼博士耗时三年，对600名出现感情问题的恋人进行调查访问，并将调查结果发表在美国心理学杂志《今日心理》网络版上，结果表明：因为不懂尊重对方更容易导致恋爱关系的破裂。

人际交往中，每个人都渴望得到他人的尊重，恋爱也是如此。在与恋人相处的过程中，女人如果能够给对方尊重，既可以体现你的高尚品德，又可以体现你的内在修养。因而，给予恋人尊重是女性朋友与恋人交流中最基本的要求。生活中，人们往往用“相敬如宾”比喻和谐互爱的夫妻关系。其实，对于恋爱中的男女来说，给予对方尊重也是必不可少的。那么，女性朋友与恋人相处时，该如何用语言表达出你的尊重之情?

1. 与恋人交往，女人要学会使用“万能用语”

与恋人相处时，女人要表达出对男方的尊重，最为直接有效的方式就是学说“请”。生活中，与“请”搭配的词语数不胜数，比如，请问、请说、请慢走、请稍候。原本都是一些极为普通的语言，然而，一旦与“请”字搭配起来，则显得委婉而有礼貌，无形之中，也就把对方抬高了。因而，女人多用“请”，可以表达你的尊重之意。

2. 与恋人交往，“谢谢”也是女性必须掌握的一种语言

生活中，有些女性认为说“谢谢”会显得两人之间生疏，甚至认为男方所做的都是理所应当。其实不然，婚姻专家揭秘，男女双方和谐的恋爱关系是通过彼此的努力营建起来的，这种努力其中就包括了语言的沟通。可以说，良好的语言交流是促进男女和谐恋爱关系的重要因素。恋人之间的“谢谢”不是一句简单的客套话，而是女性内心深处的一种感动。与恋人交往时，无论对方给予多小的帮助，女人的一句“谢谢”都可以让对方

感到你的尊重与重视。因此，女人请别“吝啬”你的感激之情，请大胆向对方表达吧。

3. 女人想要拥有和谐的恋爱关系，更不能忽视“对不起”

现实生活中，谁都会犯错，恋爱也不例外。即使两个相爱的人之间，也会出现一些不和谐的变奏曲。恋人之间发生争执或出现矛盾时，最佳的做法当然是主动道歉。“对不起”三个字，看似简单平常，然而，它却是缓解双方紧张关系的良药。

当双方关系紧张时，聪明的女人懂得，及时主动地表达歉意，不仅可以迅速扑灭对方心中的怒火，同时，还可以让对方感受到你的纯真与善良以及对他的尊重。

4. 女人想要让自己的言语充满尊重，多征求对方的意见

现实生活中，许多女性与恋人相处时霸道任性，自认为爱对方，便包揽了男人所有的权利，所有的事情都要按她的意思来办。这样的女人往往会失去美满的爱情。要知道，一份长久的恋情是建立在互相尊重的基础上的。聪明的女人懂得，爱一个人就要让他幸福，给他表达的权利。所以，恋爱中的女人，要学会多给予对方选择的权利。女性在遇到问题时，要学着征求对方的意见，多给予对方表达的机会，这样更能体现出你的尊重之情。

每个女人都渴望拥有一份刻骨铭心的爱情，然而，你的爱情能否美满，要看你是否善于经营。聪明的女人明白，尊重男人是获得美满爱情的前提。所以，从现在起，做个聪明的女人吧，用你的尊重去浇灌你的完美恋爱吧！

第4章 慧心美言，懂得赞美的女人最聪明

人们常用“蕙质兰心”来赞美一个女人聪慧高尚的品质、优雅闲适的性格。有慧心的女人必然是会说话的女人，而赞美则是最能打动人心、最美丽的语言。赞美的力量是无穷的、不可思议的，在人际交往中，假如你能巧妙地利用赞美来拉近人与人之间的距离、营造良好的谈话氛围，那你就是一个聪明的女人。

赞美是生活的调味剂

有这样一个笑话：一个即将赴任的京官去向恩师辞别。恩师对他谆谆教诲：“京城的人到外地做官很不容易，你务必谨言慎行。”京官说：“不要紧，我准备了一百顶高帽，见人就送一顶，肯定不会有麻烦的。”恩师听了教训他说：“我再三教导于你，做人务必要正直，你怎能如此行事？”京官回答：“恩师息怒，学生我也是没办法。普天之下，像您这样为人正直、不喜戴高帽的人能有几位呢？”恩师一听，转怒为喜，点头说：“这话倒是不假。”拜别恩师后，京官对朋友说：“我准备的一百顶高帽，现在只剩下九十九顶了。”

这当然是个笑话，但是却从侧面反映了一个问题，那就是：不管什么人，无论他的身份地位如何，性格人品如何，都喜欢听赞美的话，案例中那位始终不忘教诲学生“做人要正直”的德高望重的老师也未能免俗。

赞美令人心身愉悦，无论对于送出赞美之言还是接受赞美之词的人，都是一种快乐的沟通方式。赞美是人与人之间交往的润滑剂，能够迅速消除人们之间的陌生感和距离感；赞美还是生活的调味品，它可以激励别人，令对方充满自信与感激，同时又能够增加他人对自己的好感，利人利己，何乐而不为呢？“赠人玫瑰，手有余香。”毫不吝啬地赞美他人，会使人际交往更加和谐，生活更加美满。

丽萨最近搬到了一个新小区，周围的一切于她而言全是陌生的，她觉得很不适应，于是打电话向妈妈诉苦。妈妈对她说：“试着去发现你周围邻居的优点，真诚地赞美他们吧！”

第二天，丽萨去超市购物，看见隔壁的邻居在修剪草坪，草坪光滑平整，在春日阳光的照耀下显得生机勃勃。丽萨由衷地对专心修剪草坪的男主人说：“嗨！您家的草坪可真漂亮！”男主人抬起头，露出开心的笑容：“是吗？谢谢你！”他看了看丽萨门前的草坪，真诚地说：“下午若有时间的话，我帮你也修剪一下草坪，可以吗？”

“那太好了！真谢谢你！”丽萨开心地跳了起来。

到了停车场，丽萨遇见邻居玛丽，丽萨的目光落在她胸前的毛衣链上，惊喜地说：“你的毛衣链真特别，太漂亮了！”玛丽一下子笑了：“这是我在法国买的，是著名设计师设计的，仅此一件。你可真有眼光。”

“不是我有眼光，而是你有眼光才对，挑到了这么好看的毛衣链。”丽萨俏皮地说。

玛丽脸上的笑容更加灿烂了，她看了看丽萨手中的购物袋，询问道：“你是去超市购物吗？要不我们一起去吧？”

“好啊！”丽萨现在终于体会到了妈妈的良苦用心，她很快就结识许多新朋友。

赞美是一种有效而不可思议的力量，丽萨采纳妈妈的建议，为她的邻居们送上了自己的赞美之词，很快获得了他们的好感，得到了他们的认同，并且成了朋友。可见，赞美适用于任何人，它具有神奇的力量，可以令孩子们更加聪明可爱，令年轻人更加斗志昂扬，令老人们更加精神焕发；它可以令青蛙变成王子，令丑女孩变成公主；它可以令自信的人更加优秀，令忧郁的人变得快乐……既然如此，我们为何吝惜自己的赞美呢?

女人要有一双善于发现美的眼睛，更要有一张将美大声说出来的巧嘴。赞美你的爱人，可以令你们的爱情更加甜蜜；赞美你的朋友，可以令你们的友谊更加牢固；赞美你的孩子，可以令你们的关系更加和谐。赞美同事，可以创造良好的工作环境；赞美上司，可以为自己赢得更大的发展空间；赞美客户，可以顺利地拓展自己的事业。所以，聪明的女人从不吝惜自己的赞美之词，因为它不仅能使他人的自我价值得到肯定，自我需要得到满足，同时也是实现自我价值、创造幸福生活的方法之一。

名正言顺的赞美最能打动人心

根据马斯洛的需要层次理论，每个人都有获得他人尊重与肯定的需要，而赞美则是令这种需要得到最大满足的最直接的方式。因此，毋庸置疑，每个人都喜欢听赞美之词，每个人都喜欢赞美自己、夸奖自己的人。但是每个人对自己的优势和优点又是最为了解的，若是赞美之词脱离了实际，非但不能取得应有的效果，反会令人心生不快。所以，赞美不能无中生有，必须名正言顺，才能打动人心。

所谓“名正言顺”，就是要有事实根据，即便你所赞美的优点对方还未察觉，但却是客观存在的。否则，或许听的人还没什么反应，而说的人却早已心虚胆怯，说出来的话也就不那么光明正大、理直气壮、令人信服了。试问，连你自己都怀疑对方有你所赞美的种种优点，那么你的话又怎

能说到他的心坎上呢?

所以，要想赞美一个人就必须先了解一个人，切莫急于达到某种目的而盲目开口。或许有人会问:“对于熟悉的人，做到这一点并不难，若是初次见面的陌生人呢?”这就需要运用女人善于观察、心细如发的优势了。作为女人，必须具有敏锐的观察力，灵敏的感受力，善于从他人的衣着、外貌、言谈、举止中捕捉信息、寻找他人的长处，并将这种长处通过赞美之词表达出来，从而获得他人的好感，走进他人的内心。

小娜到一家装饰材料公司做营销员不到半年，就取得了令人瞩目的成绩，每个月达成的业绩远远高于其他同事，其秘诀就在于她“会说话”，而且能将话说到对方的心坎上。

这天，店里来一个穿着寻常、相貌普通的中年男子，他在一款价格较高、花色高雅的壁纸前驻留了很久。其他店员看后有些失望，觉得这个人购买的可能性不大，所以都爱答不理，而小娜不失时机地走过去，热情地介绍说:“先生，您真有眼光!这可是我们公司最畅销的产品，每年的销量都是第一。”

“可是价格有些贵了。”男子有些犹豫地说。

“能看中这款壁纸的人一定是品位不俗的人，它既高雅又大方，想必您家中的装修也是如此吧?一看您就是有品位的人。想想看，这款壁纸配合您家中的装修，一定交相辉映、浑然天成，更能体现出您高雅不俗的品位。只有像您这样注重内涵和生活质量的男人才会相中这款壁纸，那些只注重外表、不注重品质的年轻人可没这种眼光。”

男子的脸上浮现了笑容，但是他依旧在沉吟，看来还没有下定决心。

“请问先生家住哪里?”

“绿苑小区。”男子回答。

“是吗?”小娜叫起来，“那可真是个好地段，交通便利，环境优美，但是房价可不便宜。能买得起那儿房子的人，谁还会在乎这几个钱呢?”男人笑了起来，小娜似乎看穿了他的心思，接着说:“而且我们公司现在专门针对高端客户有一个优惠回馈活动，您既然住在那个小区，也就算是我们的高端客户。虽然折扣率只有8%，但关键这是身份的象征，您说是吗？”

男子连连点头，最后很爽快地掏出钱，付了定金。就这样，小娜成交了一份大单。

虽然是第一次见面的陌生人，但小娜的确是一个聪明的女人，她先从男子驻足高端壁纸这一点来赞美他眼光独到，然后不断地用言语探知男子的一些情况，并根据这些信息恰如其分地给男子“戴高帽”，最后将他捧为高端客户，令男子心甘情愿地掏钱购买。小娜的每一句话都说得恰到好处，说到了对方的心坎上，符合对方的身份和心理，可谓是有的放矢、名正言顺。

虽然人人都喜欢“戴高帽”、被赞美，但是这种赞美必须符合实际、名正言顺。即便这顶“高帽”或许在某种程度上是善意的谎言，但是也不能过于离谱，否则就会搬起石头砸自己的脚，得不偿失。

真诚的表情使赞美更加珍贵有力

很多人都了解赞美的力量，也很想通过赞美他人促进人际交往、改善人际关系，但是却不知如何开口。尤其是有些女人，天生胆怯而敏感，生怕词不达意，反而尴尬。其实赞美纵有千万种技巧，但最根本、最核心的一种是真诚。没有了真诚，哪怕舌灿莲花，堆砌再动人、再华丽的辞藻，也无法打动人心；如果充满了真挚、诚恳，哪怕一个淡淡的眼神、一丝浅浅的微笑，也能令人觉得珍贵有力。

那么，怎样才能让人觉得你的赞美是发自内心没有半点虚情假意呢？其实很简单，用你的脸部表情和身体语言，让别人感受你的热情和真心，而不是只凭空洞洞的、冷冰冰的、没有丝毫感情的语言。女人脸部柔美的线条、柔软的肢体语言就是一种优势。

首先，要用真诚的眼神注视对方。眼睛是心灵的窗户，人们喜欢从一个人的眼睛来判断他的内心是否在说谎。嘴巴会说谎，但是眼睛不会，所以赞美对方的时候要用坦然的、淡定的眼神，让对方从你的眼中洞察你清澈透明的内心世界，对你所表达的赞美之词自然就会深信不疑。

其次，要面带微笑。微笑能使人面部肌肉放松，能传递一种和谐融洽的气氛。面带微笑给人以真诚感觉，所以你所说出的话更加令人信服。

最后，要善用肢体语言。微微地颔首、竖起大拇指、热烈地拥抱，这些都是表达赞美、赞许的身体语言，能令对方切身体会到你的真情实意。但是运用肢体语言必须注意适度，尤其要令对方感觉你是发自内心的，否则只会令人反感。

欣然总认为自己不会说话，所以人缘不好，听朋友说赞美是人际关系的“灵丹妙药”，是爱情的保鲜剂、生活的调味品，于是尝试着赞美自己的老公、孩子和周围的人。

早上起床，老公正在穿衣，欣然故意用崇拜的语气大声说：“老公，你真伟岸！太有男人味了。”老公看看镜子里自己不高的个头、单薄的身体，撇撇嘴，丢下一句：“你吃错药了吧？”

吃饭时，欣然摸着儿子的头说：“儿子，你头大真聪明，将来肯定有出息。”儿子感到奇怪，说：“妈妈，你不是说我脑袋里装的都是浆糊吗？”

到了单位，欣然看见同事艾雨拎了个新包，立刻说：“哎呀，你的包真好看！既大方又端庄，和你可相配！”艾雨看了看手中颜色暗沉、款式老旧的包，脸沉下来，冷冷地说：“我的包带子断了，这是我妈的。”说完，头也不回地走向自己的座位。

晚上，同事聚餐，大家轮流给领导敬酒，轮到欣然时，领导说自己酒量不行，快喝醉了，就稍微抿一口，意思一下吧。欣然立刻大声说：“黄总，您可真是个新‘五好男人’，嫂子嫁了您可真有福气！”黄总突然拉下脸，将酒杯重重地摔在桌子上。原来两天前，因为黄总搞外遇，黄太太

才到公司大闹一场，这是众人皆知的事情。

回到家，欣然沮丧极了，看来朋友们说的“灵丹妙药”也没这么灵嘛！

欣然费尽心机赞美别人，最终却没有一个领情，其原因不在于她的技巧不够高明，而在于她只是为了赞美而赞美，言语之中没有一丝真情实意，所以无论她说的话多么动听，也显得苍白无力，打动不了人心。

美国心理学安德森曾经做过一个心理实验：他让大学生们从所给出的550个表示人的品质的形容词中选出他们认为最可贵的品质，而得到最高评价的正是“真诚”（在八个得分最高的形容词中，有六个和“真诚”有关，分别是：真诚、诚实、忠诚、真实、信得过、可靠）；而得分最低的则是说谎、假装和不老实。可见，人们最喜欢的是真诚、诚实之人，最讨厌的则是虚伪狡诈之徒。赞美更是如此。在别人听到赞美之词飘飘然的同时，也会扪心自问你说的这一切是否出自内心，是否别有企图？所以，只有能过真诚的赞美才能达到预期的效果。

赞美应该深入而别致

好话人人都会说，但是怎样才能令你的赞美被别人真心喜欢、接受并且心怀感激呢？这就要求我们具备观察细致的眼睛、感觉敏锐的心灵，去发现那些不为人注意的细微之处，让你的赞美落到实处，深刻而别致，如同一股清新的春风吹拂他人的心灵。

有的女人嘴巴很甜，赞美的话常挂在嘴边，比如见到美女，会说：“你今天好漂亮！”见到帅哥，会说：“你好帅！”见到孩子，会说：“真聪明！”见到老人，则会说：“你很健康。”但是这样的赞美难免让人感觉虚幻而生硬，自然不会给他人留下深刻的印象。正如抽象的概念因为空洞、不具体而很难给人留下深刻印象一样，浮于表面的赞美也同样如此。所以，假如要赞美一个女孩的漂亮，不如具体到："你的眼睛真漂亮，像一汪秋水。"赞美一个男人的英俊，不如说："这套西装非常适合你，完全将你的帅气和挺拔体现出来了。"赞美一个孩子的聪明，也要落到实处："听说你又考了一百分，可真聪明！阿姨小时候很难考取一百分！"赞美一个老人的康健，你也可以说："老人家气色真不错，瞧，脸色多红润！"这样的赞美深入而又具体，让人感觉你是发自肺腑的，所以大家很乐意接受，并且对你心存感激。

菲菲去韩国留学，独自一人坐飞机，旁边是一个年轻的女孩，因为不认识，所以一时无话可说。

旅途中孤单寂寞，菲菲生性活泼，很想打破沉默，和身旁的女孩搭讪，但是又怕太突兀，不知该如何开口。

突然，菲菲注意到这女孩虽然不漂亮，五官并不出众，但是皮肤极好，在灯光的映照下，透着淡淡的粉色。还有她那长长的睫毛，给本不大的眼睛平添了一丝灵性。于是菲菲用羡慕的口吻说："你睫毛真长，就像电视剧里的韩国美女。"那女孩听了，非常高兴，用不太熟练的汉语回答："谢谢！我就是韩国人。曾经在中国留学。"菲菲听了，马上说："怪不得你皮肤那么好，我平常看韩剧，最羡慕女主角的皮肤，但我现在才发现她们的皮肤还是没你的好，可真算得上吹弹可破、宛若凝脂、白里透红。你平时有什么护肤心得，传授一下好吗？"女孩一听更高兴了，开心地说："你真会说话，还没人这么夸过我漂亮呢。你的皮肤也不错呀！咱们可以互相交流。"

于是两人你一言、我一语地交谈起来，很快就成了好朋友。得知菲菲到韩国留学，女孩自告奋勇地担任了她的韩语老师，免费教她韩语，而菲菲则负责教她汉语。菲菲到了韩国以后，还得到了这个女孩很多的帮助和照顾呢！

菲菲通过仔细观察，发现了女孩的动人之处，并用充满真心和诚意的赞美之词打开了友谊之门。想象一下，假如菲菲只是用"你真漂亮"这样

空洞的语言来赞美对方，或许就不会收到这样好的效果。可见，要将赞美之词说到对方的心坎上，不仅态度要真诚，还必须说得深刻而具体，这样才能让人欣然接受。

当然，“别人嚼过的肉不香。”若只是陈词滥调，再具体深刻的赞美也会令人提不起兴趣。所以，赞美还必须富有新意，从别人意想不到的地方发掘对方的优点并进行赞美，会令人耳目一新；或者用他人意想不到的别致方式说出，也会收到出乎意料的效果。

也可以间接赞美

说话是一门很深奥的学问，同样的话用不同的方式说出来，效果也大不相同。赞美也是如此，有时背后的、间接的赞美要比当面的、直接的赞美能取得更好的效果，也更加令人感动。

有的女人当面嘴巴很甜，赞美之词不假思索就可以脱口而出，但是，俗话说“好话听三遍，听多了鬼也烦。”与其这样，不如在背后多说好话，因为好话说多了，总有一天会传到对方的耳中。这样不但不会令对方怀疑你说话的真实性，更不会质疑你是否别有用心。因为对于好话，大多数的人都有这样一种心理——当面说的不一定是真话，而背后说的一定不会是假话。面对面的时候，哪怕是发自内心的赞美，在对方听来或许也是谄媚之词，是你为了达到某种目的而故意为之，从而对你的赞美持半信半疑的态度。但是若从他人的嘴里得知你是真心夸赞他好，那么感觉自然大大不同，认为你没有必要在背后说假话，而是你真实想法的流露，从而对你更加产生好感。

既然赞美可以通过第三者传达到对方的耳中，那么当面的赞美也可以借第三者巧妙地增加可信度和说服力。比如，你若想夸赞一个女孩漂亮，与其直截了当地说："你真漂亮，令人眼前一亮。"不如通过别人的嘴来使你的赞美更加有根据："早就听说你们单位来了一位美女，原来是你呀！果然闻名不如见面。如今一见，确实名不虚传。"这就巧妙地向对方传达了一种信息：你的美丽是大家公认的，而不是我个人的刻意恭维。这样会令对方更加愉快地接受你的赞美。因为人们一般相信公众的评价是最真实、最客观、也是最可信的。再如，赞美一位领导，你与其当面夸赞他英明睿智，不如说："大家都说在您的手下干活是最令人自豪的事，如今我也成为这其中的一名幸运儿啦！"这无形中在告诉领导，他在大伙儿的心目中具有光辉的形象，这是大家对他的肯定，比当面说一千句一万句代表你一己之见的赞美更有效。

1997年，著名作家金庸与日本文化名人池田大作进行了一次会晤，他们之间的对话被辑录成书出版。其中有这样一段对话：

金庸：我虽然与会长（池田）会话过的世界知名人士不是同一个水平，但我很高兴尽我所能与会长对话。

池田：您太谦虚了，你的谦虚使我深感先生的"大人之风"。在您的72年人生中，这种"大人之风"是一以贯之的，您的每一个脚印都值得我们铭记和追念。

（池田请金庸用茶。）

池田：正如大家所说"有中国人之处，必有金庸之作"，先生享有如此盛名，足见您当之无愧是中国文学的巨匠，是处于亚洲巅峰的文豪。而且您又是世界"繁荣与和平"的香港舆论界旗手，正是名副其实的"笔的战士"。《春秋·左传》有云："太上有立德，其次有立功，其次有立言，是之谓三不朽。"在我看来，只有先生您所构建过的众多精神之价值才是真正属于"不朽"的。

池田对金庸的赞美，并不是从他对金庸作品的感受或者对金庸本人的评价为出发点的，而是巧妙地引用了人民大众、舆论界或者经典著作中的言论，对金庸进行了赞美。借助第三者之口或作品，显然既不失公允，又恰到好处，令听者心中也舒坦，实在是高明之举。

间接赞美他人还有一种方式就是赞美他身边的人或事，有时这比直接赞美他本人更令人开心。比如，到朋友家做客，朋友的老公既体贴又能干，有心夸奖又怕引发不必要的误解，就可以称赞他们的儿子："瞧你儿子，多懂事、多有礼貌，现在就跟他爸爸一样是个绅士，长大后肯定青出于蓝而胜于蓝。"这样，不就皆大欢喜了吗？再如，得知某人是某协会会员，你便可以这样说："听说这个协会可不是随便什么人都可以加入的，钱是次要的，关键还得有身份和地位。"这不就等于在说这人很有身份、地位，是值得尊敬的人吗？那么谁听了会不高兴呢？

所以，乐意赞美他人是一种品德，善于赞美他人则是一种智慧。聪明的女人若是善于把握赞美的技巧，就能将这种智慧发挥得淋漓尽致。

与其批评，不如赞美

成功学大师戴尔·卡耐基曾经说过："当我们想改变别人的时候，为什么不用赞美代替责备呢？纵然部属只有一点点进步，我们也应该赞美他，只有这样才能激励别人，不断地改进自己。"可见，若想一个人改变自我、积极进步，赞美远比批评更有效果。

可是，很多女人却没有意识到这一点。或许在中国人的传统思维中，赞美埋在心底，批评才能"帮助他人成长"，尤其是对于自己最亲近的人——自己的老公和孩子。他们做得好，你若是让她赞美几句，她反而觉得很诧异："做得好，大家都看得到，并且做得好是应该的，为什么还要赞美？"若是做得不好，或者没有令她满意，她就会不停地唠唠叨叨，不断地指责、批评甚至埋怨。岂不知莎士比亚有一句名言："赞美是照在人心灵上的阳光，没有阳光，我们就不能成长。"那么批评不就像寒冬腊月的冷风，吹得人遍体生凉吗？但是也许有人会委屈地反驳："批评也是一种爱护，批评也是出于对他们的关心。爱之深才责之切呀！”话虽如此，但心理学家们都认为，语言具有积极和消极两方面心理暗示作用，一个人若是经常受到表扬和赞美，他就会认为自己的确是这样的人，并且积极、努力地朝这方面发展，期望做得更好，以不辜负别人对他的赞誉；而一个人若是过多地被批评和指责，就会产生沮丧、失落的心理，认为自己就像别人说的那样一无是处，甚至破罐子破摔，就此沉沦。所以，聪明的女人懂得善于利用女性耐心、细心的特点，多发现对方的长处和优点，多用赞美，慎用批评，这样才会令家庭更加和睦、人际关系更加和谐。

陶行知是我国著名的教育家，他的“四块糖果”的故事家喻户晓。

有一次，他在校园巡视，看见一个男同学在用石头砸另一名男同学，便立刻上前喝止了他，并责令他到校长室等候。

当这位男同学在校长室惴惴不安地等待时，陶行知到了。但出乎意料的是他并没有批评这位男同学，而是从口袋里掏出了一块糖果递给他：“这奖励你准时到达的。”随即又掏出一块：“这是奖励你对我的尊重，因为我叫你停止，你立刻照办了。”男同学愣住了，陶行知立刻掏出第三块糖果：“这是奖励你的正义感，因为经过了解，我知道你是因为那个同学欺负女同学而伸出援手的。”这时，这位男同学哭了：“校长，我错了，我不该打同学。”陶行知马上掏出第四块糖果：“这是奖励你的知错能改。好了，我们的谈话也结束了。”

从此以后，那位男同学再也没有因为任何事情而动手打人。

四块糖果，没有一个字的批评，却使男同学认识并承认了错误，并从此不再犯，表扬和赞美的力量可见一斑。或许有人会问：“难道对方的确犯错，也依然称颂他的行为、赞美他的做法？”当然不是。适度的批评有时也是必要的，但如同暴风骤雨般的指责和抱怨却是绝对愚蠢的。关于批评，我们可以借鉴美国著名女企业家玛丽·凯什所说的那样：“不要光批评不赞美。无论你要批评什么，都必须找出对方的优点来赞美，批评前和批评后都要这么做。这就是我所谓的‘三明治策略’——夹在两大赞美中的小批评。”

成功学大师戴尔·卡耐基曾经也说过："当我们听到别人对我们的某些长处表示赞赏之后，再听到他的批评，心里往往会好受很多。"这就像人们吃药，虽然大家都知道"良药苦口利于病"，但药物苦口，又有几人能真心喜欢呢？所以人们发明了糖衣，既让人们乐意吞咽，又不妨碍药物在肠胃中发生作用，治愈疾病。所以，聪明的女人也应该如此，要充分发挥自己温柔贤淑的优势，以柔克刚，先赞美，再批评，最后给予鼓励，就一定能够激励对方积极向上、扬长避短，越来越优秀。

聪明的女人在赞美他人中完善自我

对于赞美的重要性，成功学家卡耐基曾经这样说过："赞美好比空气，每个人都不能缺少。"的确如此，每个人都渴望被欣赏、被赞美，这是对自我能力的一种肯定，也是自尊心、荣誉感得到满足的表现，所以善解人意的女人总会不失时机地送上自己真诚的赞美。"赠人玫瑰，手留余香。"聪明的女人不仅会赞美他人，更会利用赞美来完善自我，使自己更加完美、更加迷人。

聪明的女人能够利用赞美来提高自身的修养和素质。赞美他人可以带给你远见卓识，令你的心胸更加宽广，可以增添你自信的光彩。只有谦逊的女人、自信的女人、大度的女人才会毫不吝惜地赞美身边的每一个人，即便对于自己的竞争对手或敌人，也能够发现他们的长处，送上自己真诚的赞美，令人心生敬意、由衷敬佩。

聪明的女人能够利用赞美使自己更加可爱、更加快乐。容貌是天生的，而说话的技巧却可以后天培养。一个相貌平平的女人若是懂得恰如其分、恰到好处地赞美他人，就会令自己更加可爱，倍添光彩。赞美可以令他人开心，也可以使自己快乐。真诚地赞美周围的人，营造良好的氛围，可以为自己带来愉悦的心情，令生活充满生趣。

聪明的女人能够利用赞美左右逢源、驰骋职场。“欲先取之，必先予之。”赞美是每个人都需要的，那么将自己需要的先赠予他人，就一定会得到意料之外的回报。尽管有的时候，这种回报不是立竿见影，也不是看得见、摸得着的有形资产，但它却可以建立长久、和谐的人际关系，促进事业更加顺利、蓬勃地发展。

安娜向好朋友抱怨：自己越看老公越不顺眼，而老公好像也对自己越来越不满意，两个人天天吵架，婚姻似乎亮起了红灯。朋友对她说：“试着发现你老公身上的优点，并大声地赞美他。记住，每天至少一次！”

安娜紧皱眉头：每天一次？自己老公的身上哪有那么多优点啊？勉为其难，权当一试吧！

第一天，厨房的水龙头坏了，安娜让老公修。老公笨手笨脚弄了半天，终于修好了。换作平时，安娜肯定大声斥责：“真没用！”但是这次她却说：“干得真不错。”虽然话说得干巴巴的，老公也有些出乎意料，但至少是句赞美的话。

第二天，安娜要去买菜，让老公照顾孩子。等她回来一看，孩子将玩具扔得到处都是，家里一团糟，老公正在地板上给孩子当马骑。若是平常，安娜肯定大吼一声：“叫你带孩子，你倒比他玩得还高兴！”但安娜想起了朋友的劝告，于是话到嘴边忍住了，而是说：“这么长时间，孩子不哭不闹，老公，你还真行。”或许安娜的表情有些不自然，老公错愕地望了她半天，但最终还是歉意地说：“我来帮你一起收拾屋子吧？”

时间一天天过去，安娜发现老公身上的优点越来越多，而赞美的话也说得越来越自然、越来越流利。终于，有一天，老公紧紧地抱着她，说：“老婆，我发现自己越来越爱你了。你有没有发现，你现在变得越来越可爱、越来越迷人了？再也不是以前那个爱唠叨、爱发火的凶悍老巫婆了。”

安娜听了老公的话，泪水忍不住流了下来，原来赞美不仅改变了老公，还改变了自己；赞美不仅拯救了自己的婚姻，还拯救了濒临死去的爱情。

安娜听从朋友的建议，通过简单的赞美挽救了一段濒临破碎的婚姻，其关键在于赞美不仅能令他人改变，也能令自己改变。这是因为，要有一张善于赞美的嘴巴，你就首先有一双善于发现美的眼睛、一颗善于感受美的心灵，而这些能在不知不觉中陶冶你的情操、提升你的修养。尤其是当你发自内心地说出那些赞美之词时，你早已认同了对方身上的这些优良品质，从而激励、鞭策自己慢慢朝你发现的这些美好方面去完善和发展。由此可见，聪明的女人善于利用赞美来发现他人的长处、弥补自己的短处，令自己更加完美。

第5章　从容豁达，成熟的表达让女人更有魅力

成熟，是岁月给女人最好的馈赠。虽然它无情地夺走了女人如花般娇艳的容颜，但是却留给了女人自信、宽容、淡定、幽默等更富内涵的成熟的内心。成熟的女人少一些张扬，多一些沉稳；成熟的女人风情万种，但又懂得把握分寸。成熟的女人、举手投足间都从容豁达、充满魅力。

女人说话有条有理

当堂吉诃德指责桑丘·潘沙讲的故事重复太多、条理混杂时，桑丘为自己辩解道："这就是我给同胞讲故事的方式，大人要我改变旧习惯是不公平的。"也许大多数女人会对此深有同感。无论是和一位朋友交谈，还是在数千人的场合演讲，如果说应该用红色标出什么的要点的话，那就是"说话扼要、清晰明了"。那些担任要职的女性几乎都认为：在商业场合中，最让人头痛的就是说话不讲究条理。

如果一个职场女性不能完整地表达自己的思想，说话快而没有条理，想必她不会受任何人喜欢的。女人在社会上凡事要冷静，尤其是遇到危机

或困境时，更需要先让自己镇静下来，从而作出正确的决策。现代社会，尤其是对女性越来越以貌取人，有时候由于一瞬间慌乱的表达你就会失去一个饭碗，或者失去一次升职的机会，女人一生中机会并不多，关键是你怎样把握，能否被上司赏识，能否被大公司录用也许就取决于你的一点思考，一些编排，一个习惯。

对于一个事业型女人来说，优美的声音固然重要，但清晰的语言表达其实更重要。因为口头表达是别人无法代替的“金字招牌”，养成说话有条理的习惯能让你更多地了解别人，也可以更多地为人所了解。一个逻辑混乱的人，就好像鸟儿没有羽翼，在学习、生活、社交、工作上会遭遇极大的障碍。一个女人，不管你多么聪颖，接受过多么高深的教育，穿着多么漂亮的衣服，拥有多么雄厚的资产，如果你无法流畅、清晰地表达自己的思想，你仍然无法真正实现自己的价值。要想成为广受欢迎的魅力女性，除了外在美之外，还要掌握说话这门学问。

要想抓住要领，有条理地思考，有条理地说话，就得坚持长期训练。每看到或听到一件事，就要认真地思索，经常恰到好处地自我提问，这有助于说话有条有理，久而久之，自能养成习惯。

女人的嘴巴如同女人的大脑一样迅速简单，口无遮拦，常常“不经思考”给女人带来的是一些麻烦。不知道有多少人女人的时光都因此被销蚀一空——浪费在那些信口开河、多余无聊的话题中。一个字就可以说明白的问题，偏偏用上整整一行字。特别是那些儿女已经长大成人、空闲时间越来越多的女人，她们不惜在细枝末节上浪费大量的口舌，投入无数的光阴。

希望以上的言谈，不会让你联想到自己。如果你说话的目的是要告诉别人一件事，那就直截了当地说出来，不必扯得太远。漫无边际的谈话，可能是思路混乱的表现，也可能是委婉曲折地达到目的的手段。不过，对更多的女人来说，那只不过是一种习惯，纠正这种习惯其实比控制自己的购买欲要容易得多。

那些说话漫无边际、累赘重复、东拉西扯、废话连篇的女人很快就会发现，她们其实只是在自言自语。智慧女人的话语却有分寸感，说话做事是分场合地点的，能说一句的不说两句，不想说的话，一个字都不多余，简明扼要；想说的话语，一句话也不重复，条理清晰。

礼貌言辞是求人的敲门砖

说“礼”话即说一些有礼貌的客气话。女人在各种社交场合，与各种不同的人打交道时，都需要适当地说一些客气话。“礼”话说得恰当，可让人感觉你知书达理和富有教养，同时也让对方如沐春风、身心通泰，从而实现谈话的目的。

人们日常聚谈和拜会，按其性质可分为公务会谈与私人拜访。无论是公务性的会谈还是私人性的拜访，都需用“礼”话开头，“礼”话得体，即可赢得对方的认可和首肯，事情就成功了一半，也为自己营造了一个投机和谐的谈话环境。

1. 缩小请求

尽量把自己的要求说得很小，以便对方顺利接受，满足自己的愿望和要求。例如，“你帮我解决这一步就可以了，其余的我自己想办法。”

我们确实经常发现，女人们在提出某些请求时往往会把大事说小，这并不是变着法儿使唤人，而是适当减轻给别人带来的心理压力，同时也便于自己便于开口。

2. 谦恭请求

通过抬高对方、贬低自己的方法把有关请求等表达出来，显得彬彬有礼、十分恭敬。例如，“您老就不要推辞了，弟子们都在恭候呢！”请求别人帮助，最传统有效的方法是尽量表示虔敬，使人家感到备受尊重，乐于从命。

每个人都有好为师的本质，特别是自认为经验丰富和取得一些成就的人。当女人采用“求教”的方式向对方提问时，就可以把心与心之间的距离拉得很近。当你求教之后再进入正题，向对方说出你的真实意图时，往往收到奇效。

3. 自责请求

首先讲明自己知道不该提出某个请求，然后说明为实情所迫不得不讲，给人一种实属无奈的感觉，例如，“真不该在这个时候打搅您，但是实在没有办法，只好麻烦您一下。”

在人际交往中，要知道在有的时候、有些场合打搅别人是不合适的，也是不礼貌的，但又不得不麻烦人家，这就应该求得人家谅解，以免失礼。

4. 体谅请求

首先说明自己了解并体谅对方的心情，再把自己的要求或想法表达出来。例如，“我知道你手头也不宽裕，不过实在没办法，只好向你借一百元。”求人的重要原则就是充分体谅别人，这不仅要在行动中体现出来，而且要在言语当中表示出来。

5. 迟疑请求

首先讲明自己本不情愿打扰对方，然后再把有关要求等讲出来，以缓和讲话语气。例如，“这件事我实在不想多提，可你一直忘了替我办。”在提出要求时，如果在话语中表示自己本不愿意说，这样就会显得自己比较有涵养。

6. 述因请求

在提出请求时把具体原因讲出来，使对方感觉很有道理，应该给予帮助。例如，“隔行如隔山，我一点儿也不知道人家那边的规矩。你是内行，就替我办了吧！”在提出请求时，如果把有关理由讲清楚，就会显得合乎情理，令人欣然接受。

7. 乞谅请求

首先请求对方谅解，然后再把自己的愿望或请求等表达出来，以免过于唐突。例如，“恕我冒昧，这次又来麻烦你了。”请求别人原谅，这是礼貌语言交际最有效的方法，女人们常常使用这种方式进行交流。显得比较友好、和谐。

说话的技巧，关系到事情的成败

一般地，会办事的女人都很会说话，是否会说话有时决定着事情能不能办成。言辞中的技巧运用得当与否，会关系到事情的成败。

1. 用真情打动人

这一般用于比较大的或较为重要的事情。把对人的请求融入激情的语言表述中，或申述自己的处境，以表示求助于人是不得已之举；或充分阐明自己所请求之事并非与被请求者无关，以使对方不忍无动于衷、袖手旁观。真正以心换心，还会有做不成的事吗？

人们最愿意与有感情、爱心的人交往，当然也最愿意与他们合作，谈生意。当然，这还归功于口才的“魔力”，没有好口才是无法打动对方的，人与人之间有了良好的感情作为前提，难办的事、尴尬的事也会变得好办了。

2. 先恭维、赞扬对方，达到办事的目的

女人求人办事之前先对所求的人进行恰到好处、实事求是的称赞。及时说点好话，就与所求的事有关的方面称赞一下对方，也不失为一种求人的好办法。

一位催款小姐到某公司催款数次，分文未得。近来，催款小姐发现了这位总经理经不起吹捧、爱面子的弱点，于是对“症”下药。在以后与总经理的交谈中，催款小姐对欠款公司的发展、规模讲得有根有据，头头是道，总经理越听越高兴，索性滔滔不绝地讲起“治厂经”。催款小姐见时

机成熟，便恭维说："总经理，像您这么稳重成熟，思考周密，一般人在您这个年龄很难做到啊！"一句话又引得对方把自己的经历和盘托出。最后转入正题，催款小姐叹道："难哪，就像我催款一样，总也不见效，对上面不好交账。您这么有能耐的人，给我把款子办了，有为难之处吗？"总经理先是重复了领导班子有统一意见，不能随便支付欠款的话，但他沉思了一会儿，爽快地拍板说："你也跑了好几趟了，很不易，下周一，你找王经理拿款吧！我给他打个招呼就行了！"终于，坚冰得以破解。

3. 应有"互利"意识，并向对方郑重承诺

这是指在求人时不忘表示愿意给对方以某种回报，或将牢记对方所提供的好处，即使不能马上回报对方，也一定会在对方困难之时给予鼎力相助。配以"互利"的承诺，让对方觉得他的付出值得，同时也会对求助者多一分好感。

美国钢铁大王安德鲁·卡内基有一次为了竞标太平洋铁路公司的卧车合约，与竞争对手布尔门铁路公司铆上劲儿了。双方为了中标，不断展开削价竞争，已到了无利可图的地步。

一天，卡内基遇上了布尔门，卡内基主动上前同布尔门打招呼，并说："我们两家公司何必互挖墙脚呢？"卡内基接着说，恶性竞争对谁都没好处，并提出尽释前嫌、携手合作的建议。

布尔门沉默了半天，说："如果我们合作的话，新公司的名称叫什么？"

卡内基一下子明白了布尔门的意图。于是，他果断地回答："当然用'布尔门卧车公司'啦！"这样，两人很快就达成了合作协议，布尔门和卡内基在这笔业务中，都大赚了一笔。

4. 借助第三者，寻求"过渡"

倘若向要好和熟悉的人求助，可以直截了当、随便一点。但若求助于关系一般的人、生人或社会地位较高的人时，则常常需要一个"导入"过程，往往需要第三者帮忙。例如，推销员在推销一种健康器材时，最简单的就是用身边的例子："某某买了一台"，"某某最爱用的化妆品，就是

某某牌的”。这样说容易获得别人的信任。

此外，女人在求人办事之前，要对所要求助的人作一个全面的了解，以免在谈话过程中冒犯对方。一旦冒犯对方，你的辛苦便会付诸东流。

求人的话要循序渐进地说

美国斯坦福大学社会心理学家弗利特曼和弗利哲两位教授，曾同学校附近一位家庭主妇巴特太太做了个有趣的实验，他们打了个电话给她：

“这儿是加州消费者联谊会，为具体了解消费者之实况，我们想请教几个关于家庭用品的问题。”

“好吧，请问吧！”

于是他们提出了府上使用哪一种肥皂等几个简单问题。当然，这个电话，不仅仅打给了巴特太太。

过了几天，他们又打来电话：“对不起，又打扰你了，现在，为了扩大调查，这两天将有五六位调查员到府上当面请教，希望你多多支持这件事。”

这实在是件不好办的事，但对方也同意了，是什么原因呢？这是因为有了第一个电话的铺垫。相反地，他们在没有打过第一个电话，而直接打了第二个电话时，遭到了拒绝。他们最后以百分比作为结论。前一种答应他们的占52.8%，后一种则只有22.2%。

据此可知，向人有所请托，应由小到大，由微至著，由浅及深，由轻加重才是。循序渐进是求人成事一个很好的方法。求人成事往往不会一帆风顺、一求即成。有时，由于我们所提的要求比较高，对方一下子很难接受，在这种情况下，一种有效的方法是引诱对方先同意一个很小的要求，一旦同意了这个小要求，就有可能同意更大的要求。

东北军阀张作霖喜欢搓麻将，在玩牌中，曾发生过一件趣事：

张作霖在北洋政府当政的时候，有一个政客，想在东北谋一个美差，曾经请了个有势力的大老板，目的是把自己推荐给张作霖，张也表示同意委以重任。可一等再等，委任状迟迟不下来，急得那个政客像热锅上的蚂蚁。

说来也巧，有一次他遇到了一位旧友，此人正好是张作霖的顾问。这位政客把自己的处境告诉了他，请求他催催张作霖。哪知那顾问一个劲儿摇头。“不好办啊。他是一个多疑的人，本来也许会给你个差使，可这样一来，非但不给，搞不好还会招来祸殃呢！”

不过，顾问到底是顾问，他见政客一脸的失望，竟也为朋友想出个主意：“老头子近来很喜欢打牌，我就请张作霖来吃饭打牌。打牌时你也来，一定要让老头子赢得满意。到那时，我自有妙计。”

一切照顾问的计划进行，那天，张作霖的牌风极顺，要什么牌就来什么牌，他高兴得合不拢嘴！打完牌，张作霖要吃筒烟提提神，那顾问就在烟榻旁烧烟。两人边吃边聊，顾问捧他：“大帅，您这牌可打得太棒了！”

张作霖吸了口烟，笑道：“哪里，碰运气罢了！”那顾问话锋一转：“今天那一位可输惨了！他也不是个富有的人，这次到北京来，是想谋一个差事的。”

张作霖听了把烟枪一搁道：“他是你的朋友，那就把支票还给他得了！”说着就要从口袋里掏支票。那顾问连连摆手说：“使不得，使不得，他也是个要面子的人，输的钱，他绝不会收回的。他在前清也是个京官，还有些才干呢！大帅要是可怜他，就周全周全他，给他个什么职司，他就感激不尽啦！”

张作霖突然想起了什么似的，拍拍脑袋道：“噢，想起来了，某人曾经推荐过他的，那我就成全了他吧！”

不出一个星期，那个政客就到东北去做官了。

这位政客拐弯抹角求人求官的良苦用心能给我们以启发，也就是说，

求人办事，有时不可直来直去，那样多半会碰钉子。日常生活中也有这种情况，比如想要找人办事，又怕人家拒绝，因为一旦被拒绝就不好再找别人出面了，这时最好的办法就是人为地制造一种机会让对方顺气，然后借机把自己的意思说出来，让对方在高兴的时候爽快地答应你的要求。

从对方的角度出发，把话说到关键处

一位著名的心理学家说："只要你对别人真心地感兴趣，那么，你在接下来的两个月里所得到的朋友，会比一个要别人对他感兴趣的人，在两年内所结识的人还要多。"最会说话的女人，往往是最善于说对方感兴趣的话的人。最会办事的女人，往往是做了让对方感动的事的人。

被公认为"魔术师中的魔术师"的哲斯顿，在他那个时代，用精彩的表演让超过6千万的人买票进场看他的演出。其成功的秘诀就是懂得从关怀观众的角度出发，懂得表现人性。他说："许多魔术师会看着观众，而对自己说：'坐在台下的那些人都是一群傻子和笨蛋，我可以把他们骗得团团转'。"而哲斯顿却不同，他每次上台，都会对自己说："我很感激，因为这些人来看我的表演，就是我的衣食父母，是他们让我能够过上很舒适的生活，因此，我要把我最高明的手法，表演给他们看。"

说话也一样，只有从关怀对方的角度出发，才能赢得对方的尊重和爱戴。如果女人想让自己说出的话有价值，或者能够带来价值，那么，就需要记住一条所谓的"黄金定律"：你想别人如何对待你，你就首先如何对待别人。我们要获得别人的支持，我们就必须先去替别人着想，对别人作出自己力所能及的支持。

著名人际关系专家戴尔·卡耐基每季度都要在纽约的某家大旅馆租用大礼堂20个晚上，用于讲授社交训练课程。有一个季度，他刚开始讲课

时，忽然接到通知，房主要他付比原来多三倍的租金。而得知这个消息时，入场券已经印好，并且早已发出去了，其他准备开课的事宜也都已办妥。显然，他要去交涉。

卡耐基找到经理，说：“我接到你们的通知时，有点震惊，不过，这不怪你。假如我处在你的位置，或许也会写出同样的通知。你是这家旅馆的经理，你的责任是让旅馆尽可能地多赢利。你不这么做的话，你的经理职位难以保住，也不应该保得住。假如你坚持要增加租金，那么让我们来合计一下，这样对你有利还是不利。如果你把我撵跑了，我势必再找别的地方开办训练班。这个训练班将吸引成千上万的有文化、受过教育的中上层管理者来听课，对房主来说，这难道不是起了不花钱的活广告的作用了吗？事实上，假如你花5000元钱在报纸上登广告，你是不可能邀请到这么多人亲自来你的旅馆参观的，可我的训练班给你邀请来了。这难道不合算吗？”

讲完，卡耐基告辞了：“请仔细考虑后再答复我。”

第二天，卡耐基收到一封信，通知他租金只涨50‰，而不是300%。

从对方的立场出发，为他分析事情的利弊，对方便会主动地按照你的思路走下去，从而达到你的目的。卡耐基之所以获得成功，就在于当他说“如果我是你，我也会这样做”时，他已经完全站在了经理的角度。接着，他站在经理的角度上算了一笔账，抓住经理的心理：赢利，使经理心甘情愿地把天平倾斜卡耐基这边。

无论什么情况，聪明的女人要获得对方的认同，就必须首先为对方着想，关怀对方的利益，关注对方的兴趣。如果你对别人指手画脚，有时会激起他们的逆反心理，导致不利于你的结果。若是从对方的立场出发，将他的思路引导你的思路上来，让他站在你所搭建的舞台上，往往更容易达到自己的目的。

掌握说服的方法，就易达到理想的效果

生活中你需要说服的对象很多，他可能是你的亲人、你的上司、你的顾客、你的朋友、你应聘的主考官……女人只有掌握说服的方法，才能达到说服的目的。

1. 争取同情，以柔克刚

渴望同情是人的天性，如果女人想说服比较强大的对手，不妨争取同情，以柔克刚，从而达到目的。

有个出租车女司机把一男青年送到指定地点时，这个男青年掏出尖刀逼她把所有钱都交出来，女司机装作害怕的样子交给歹徒300元钱，说："我今天就挣这么点儿，要嫌少就把零钱也给你吧。"说完她又拿出20元零钱。见女司机如此爽快，歹徒有些发愣。女司机趁机说："你家在哪儿住？我送你回家吧。这么晚了，家人该等着急了。"见司机是个女子，又不反抗，歹徒便把刀收了起来，让女司机把他送到火车站。

见气氛缓和了，这位女司机又不失时机地启发歹徒："我家里原来也非常困难，咱又没啥技术，后来就跟人家学开车，干起这一行来。虽然挣钱不算多，可日子过得也还不错。何况自食其力，穷点儿谁还能笑话咱呢！"见歹徒沉默不语，女司机继续说："唉，男子汉四肢健全，干点儿啥都差不了，走上这条路一辈子就毁了。"火车站到了，见歹徒要下车，女司机又说："我的钱就算帮助你的，用它干点正事，以后别再干这种勾当了。"一直沉默的歹徒听罢突然哭了，把300多元钱往女司机手里一塞说："大姐，我以后再也不干这事了。"说完，低着头走了。

在这个事例中，女司机巧妙地争取同情，以柔克刚，最终达到了说服对方的目的。

2. 善意威胁，以刚制刚

很多人都知道用威胁的方法可以增强说服力，而且不时地加以运用。这是用善意的威胁使对方产生恐惧感，从而达到说服的目的。

在一次集体活动中，当所有人风尘仆仆地赶到预订的旅馆时，却被告知当晚因出现故障，原来订好的套房中竟没有热水。为了此事，女领队约见了旅馆经理。

旅店经理说，锅炉工回家了，他无能为力。领队说："您有两个办法，一是把失职的锅炉工召回来；二是您可以给每个房间拎两桶热水。当然我会配合您劝大家耐心等待。"这次交涉的结果使得旅馆经理派人找回了锅炉工，30分钟后每间套房的浴室都有了热水。威胁能够增强说服力，但是，女人在具体运用时态度要友善，威胁程度不能过分，否则会弄巧成拙。

3．投其所好，以心换心

站在他人的立场上分析问题，能给他人一种为他着想的感觉，常常具有极强的说服力。要做到这一点，知己知彼十分重要，唯有这样才能从对方立场上考虑问题。

某精密机械工厂将其生产的新产品的部分部件委托小工厂制造，当小工厂将零件的半成品呈示总厂时，不料全不符合该厂要求。由于迫在眉睫，总厂负责人只得令其尽快重新制造，但小厂负责人认为他是完全按总厂的规格制造的，不想再重新制造，双方僵持了许久。

总厂厂长面对这种局面，问明原委后，便对小厂负责人说："我想这件事完全是由于公司方面设计不周所致，而且还令你吃了亏，实在抱歉。今天幸好有你们帮忙，才让我们及早发现了问题。只是事到如今，工作总是要完成的，你们不妨将它制造得再完美一点，这样对双方都是有好处的。"那位小厂负责人听后，欣然应允。

4．寻求一致，以短补长

习惯于顽固拒绝他人的人，经常都处于"不"的心理组织状态之中。对付这种人，如果一开始就提出问题，绝不能打破他"不"的心理。所以，你得努力寻找与对方一致的地方，先让对方赞同你远离主题的意见，从而对你的话题感兴趣，然后再想办法将你的主意引入话题，最终求得对方的同意。

迂回问话，绕个圈子巧试探

当女人有求于人的时候，当女人不明深浅要套出对方的实情的时候，当女人要以情分打动人心的时候，不妨先兜个圈子，巧妙探探对方口风，那么目的更容易达成。

1．以虚话套实话

做老实人说老实话，应是为人的一条准则，但直性子未必处处受欢迎，特别是有时连自己也弄不清说的是不是实话，那该怎么办呢？

张婕托好友王局长为自己办件事，忽然听说他“进去了”，又不知真假，就到王局家探望。确实只有局长夫人在家，满脸愁容。张婕开口道：“王局长怎么没在家呀？”果然王夫人长叹一声：“唉！心脏病又犯了，昨天被送进医院了……”

原来如此！如果张婕直接询问王局长是否真的被捕了，那场面会如何？张婕是这样设想的：如果王局长真的“进去了”，其夫人自然会如实相告。虚虚实实，转换自如，毫不唐突。

2．拐个弯才能达到目的

有时，一些话自己说出来会显得尴尬，这时，诱导对方先开口无疑是上上之策。

王萍准备借助朋友赵某的路子做笔生意，她将一笔巨款交给赵某的第二天，赵某暴病身亡。王萍立刻陷入了两难境地：若开口追款，太刺激赵某的夫人；若不提此事，自己的局面又难以支撑。

帮忙料理完后事，王萍是这样对赵夫人说的：“真没想到赵哥走得这么早，我们的合作才开始呢。这样吧，嫂子，赵哥的那些关系户你也认识，你就出面把这笔生意继续做下去吧！需要我跑腿的时候尽管说，吃苦花力气的事情我不怕。”

表面来看，她丝毫没有追款的意思，还义气感人，其实她明知赵妻没有能力也没有心思干下去，话中又暗示巧妙的提醒：我只能跑腿花力气，却不熟络那些门路；困难不小还又时不我待。

结果赵妻反过来安慰她道："这次出事让你生意上受损失了，我也没法干下去了，你还是把钱拿回去再找机会吧。"

3. 幽默一下一举两得

轻松幽默的话题，往往能引起感情上的愉悦；只要有可能，最好把庄重严肃的话题用轻松幽默的形式说出来，这样对方更容易接受。

陈静在一家外资企业打工，在较短的时间内，她连续两次提出合理化建议，使生产成本分别下降。洋老板非常高兴，对她说："年轻人，好好干，我不会亏待你的。"

陈静当然知道这句话可能意义重大，也可能不值一文。她想要点实在的，便轻松一笑，说："我想你会把这句话放到我的薪水袋里。"洋老板会心一笑，爽快应道："会的，一定会的。"不久她就获得了一个大红包和加薪的奖励！

面对老板的鼓励，陈静如果不是这样俏皮地回应，而是坐下来认真严肃地提出加薪要求，并摆出理由若干条，岂不大煞风景，甚至适得其反。

4. 用柔和的语调

以商量的口气把要求办的事儿说出来不失为一种高明的办法。例如，"能不能快点把这事儿给办一下？"

装作自己没把握，把请求、建议等表达出来，给对方和自己留下充分的余地。例如，"你可能不愿意去，不过我还是想麻烦你去一趟。"

催问别人时也要注意用语的分寸，应多用请求语气；千万不可用"怎么还不处理呀？" "这个月底前必须处理！"等责问句或命令句。如果改换另一种询问语气，可能效果会好得多。

不能有急躁情绪，要耐心地、不厌其烦地登门拜访，申诉你的理由和要求。别指望很快就能得到答复和处理，要有长期作战的心理准备。即使受了冷遇，碰了钉子，只要问题能处理，也是值得的。

第6章　三思而言，女人开口懂得拿捏分寸

女人说话要“三思而后言”，这不仅是生活的态度，更是做人的智慧。谨言而慎行、理智而克制，是女人为人处世的原则之一。所以，说话不但要用嘴，更要用脑，否则祸从口出，悔之晚矣。

谨言慎行的女人少是非

两千多年前，圣人孔夫子就说过：“乱之所生也，则言语以为阶。”意思是世间所有的纷乱都是因为说话不慎而产生的。日常生活中，人们也经常听到这样的告诫：“病从口入，祸从口出。”可能只因为一句话说不定就会惹上麻烦，既伤了别人，又害了自己。所以，女人务必记住，为人处世要谨言慎行，该说的要说，不该说的绝不乱说。只有这样，才能减少是非，独善其身。

这世上有三样东西一经出去就不能再返回：一是离弦之箭，二是逝去的良机，三是出口之言。《圣经》也告诉人们：“多言多语难免有过，禁止嘴唇是有智慧。”这话说起来容易，做起来却不简单。尤其是女人，人们常用“500只鸭子”来比喻女人，更用“三个女人一台戏”来形容女人爱说话。特别对于生性活泼、爱说爱笑的女人来说，要她们不说话、少说

话，简直比登天还难。但是说话本身并无过错，关键在于要看清对象、分清场合，了解说话对象的心理，不能口无遮拦、不分轻重，否则就有可能触犯他人的忌讳，造成误解，甚至酿成纠纷。不当的言语对人心灵的伤害就如同尖锐的匕首，有的话语甚至比锋利的刀剑更加伤人，甚至令别人一辈子都难以痊愈，此为伤人；不分场合地信口开河，随意夸大或者以讹传讹，就有可能令自己卷入是非，百口难辩，此为害己。所以，智慧的女人是用大脑说话，而不仅仅是嘴巴。

小雯即将大学毕业，她性格活泼伶俐，个性开朗，学习成绩优异，所以深得老师和辅导员的喜爱。但是毕业前的一次分组设计，竟然没有一人愿意与小雯搭档，实在大大出乎老师们的意料。经过了解才知道，原来小雯虽然聪明伶俐，但是有时说话却口无遮拦、尖酸刻薄，几乎没有人能够受得了她。经过老师做思想工作，老实厚道的小华答应与小雯一组，共同完成毕业设计。

她们这次的毕业成绩就是设计一款服装，并进行市场调查。合作一开始，小雯好胜自负的本性就暴露出来了，她坚决按照自己的想法，设计了一款旗袍式长裙。小华认为旗袍虽然好看，但是由于对女人的身材要求过高，再加上拖地式的后摆，实用性不强，很难得到大众的认可。小雯用蔑视的眼神看着她说："我看是有的人吃不到葡萄说葡萄酸吧。不要因为自己身材不好，不适合穿旗袍，就认为没人喜欢，没人能穿了。"身材矮胖的小华听了这话，气得脸色发青，眼泪直在眼眶里打转。之后不管小雯作什么决定，她都坚决一言不发。

设计交上去了，结果只得了"良"。老师的评语明明是"华而不实，不适合现实大众生活需求"，但是小雯却逢人便说："真倒霉，老师非要安排给我一个搭档。要是我自己一人弄的话，凭我的成绩，绝对不是现在这样的结果。"小华气得找她当场理论，小雯自然不肯承认是自己的过错，两人越说越僵，最后竟然动起手来。事情闹大了，学校领导了解原委后，对小华进行了批评教育，对小雯也做出了警告处分。直到这时，小雯才后悔莫及，但为时已晚。

一个优秀的女孩就这样毁于自己的口舌之欲，实在令人可惜、可叹！可见言语不慎对于一个女人来说多么危险而又愚蠢。不经大脑思考、只逞口舌之快脱口而出的废话、错话和蠢话就如同散落一地的鸡毛，难以收场。

古往今来，因为管不好自己的嘴巴而招致灾祸的事例比比皆是，“韩信带兵，多多益善”便是一个极好的例证。现代社会或许不会动则杀戮，但是因为说了不该说的话或者说话时不注意对象、方式而给自己带来恶果的例子也屡见不鲜。我们要引以为鉴。

现代女性更要在说话时多一些体谅和温柔，多一些思考和权衡，从而做一个说话人人爱听、处处受人欢迎和尊敬的人。

尊重他人的隐私就是尊重自己

随着社会文明的发展、时代观念的进步，“隐私”一词越来越受到人们的重视。所谓“隐私”，顾名思义，就是隐藏起来不愿意让他人知道的私人信息。作为一名新时代女性，在人际交往时，尤其要学会尊重他人的隐私，不要随意揭露或者大肆宣扬，否则就踏入了“雷区”，一不小心就有可能造成不可挽回的后果。

马克・吐温曾经说过：“每个人就像一轮明月，他呈现光明的一面，但另有黑暗的一面从来不给别人看到。”这“黑暗的一面”就是指每个人的隐私。每个人总是乐于将快乐与人分享，将自己光辉、高大的一面呈现于人前，但是对于自己的伤痛、不快或者难以启齿的过往往往不愿让他人知晓，比如婚姻的破裂、事业的失败、感情的纠葛、生活的过失、生理的缺陷等。既然不愿意让人知道，那么就要学会尊重他人的意愿，不要刻意探听、窥视他人的隐私，更不可传播或者议论他人的隐私，以此炫耀自己

消息的“灵通”。这样的人不会被人尊重，反而遭到唾弃。因为要想别人尊重自己，首先自己要学会尊重别人，而随意揭露他人的隐私就是对他人最大的不尊重。另外还要记住，当你将别人的隐私展示于大众之时，就是将自己卑劣的灵魂暴露之际。

小娥与小倩从小就是好朋友，两人之间几乎无话不谈。小娥长得漂亮，又聪明，但是不太爱学习，高中毕业后没考上大学，于是去广州打工了，而小倩却考上了北方的某所大学。两人一别就是四年。

小倩大学毕业后，回到老家在一个事业单位做了一名普通的职员。小娥也回来了，出落得越发迷人，还投资建了一个小工厂，生意十分红火，没几年就成了当地有名的女企业家。小倩嫁了一个小职员，而小娥却和当地副市长的儿子结了婚，至此两人的差距越发大，而小倩心中的落差也更加明显了。于是她开始故意疏远小娥，而小娥却丝毫没有觉察，还时常赠送小倩各种礼物。

有一次，小娥从美国回来，给小倩带了一瓶香水。小倩上班时喷了一些，同事们都说香水味道很好闻。有人羡慕地说：“还是有个有钱有权的朋友好哇！”

旁边有人接话：“那是，什么都不用自己买，还可以常常用名牌。”

小倩的脸沉了下来。她把香水扔进抽屉。周围的人还在议论：“你说人和人怎么就不一样呢？从小一起长大的朋友，一个在天，一个在地。”

“但这也不错，最起码大树底下好乘凉啊！”又有人酸溜溜地说。

小倩气愤极了，她站起来大声说：“有什么了不起的！她有今天，不就是当年在广州傍了个台湾大款吗？否则怎么可能有钱开厂？”

所有的人都被小倩这句话吸引了过来，缠着小倩问个究竟。小倩这时才觉察自己说错话了，急忙找了个借口离开了。但是这句话很快像长了翅膀似的立刻传遍了全城，更有人添油加醋，说得不堪入耳。小娥离婚了，工厂最终也倒闭了。小娥离开了家乡，不知所踪，但是临走前给小倩寄来一封信，里面是一把雪亮的匕首。小倩当场吓得昏过去，醒来后神经就一直不太正常，整日担心小娥会来找她报复。最后，老公受不了，提出了离

婚。至此小倩的肠子都悔青了。

一切都归咎于小倩随口说出了好友的隐私，最终以悲剧收场，真是令人扼腕叹息。因为好朋友的特殊关系，常常会知道一些别人所不知道的秘密，特别是随着年龄的增长，有的人或许不会将秘密让父母、爱人知道，但是却会向好朋友敞开心扉。作为女人，更是乐于交换彼此之间的秘密。那么为信任你的人保密，就成了你义不容辞的义务和责任。因为隐私一旦暴露，就再也没有私密性可言，不但隐私会变成大家茶余饭后津津乐道的谈资，被暴露的人也会成为众人的笑柄，从而造成不可弥补的心灵伤害。且不说对方是否因怒生怨，做出一些伤害你的事情，单自己心灵上的愧疚与自责就会使你彻夜难安。

所以，尊重他人的隐私实际上就是尊重他人的自由、尊严和幸福，同时也是尊重自己的尊严、人格和安宁。无论有心还是无意，都不要随意揭露他人的隐私。

学会回避敏感话题

在人际交往过程中，常常发生因话题选择不慎致使双方陷入尴尬甚至关系破裂的情况，所以聪明的女人要学会避免敏感话题，这是保证交谈顺利、和谐的重要因素之一。

注意回避敏感问题，这在与陌生人交往时尤其重要。因为文化、背景、身份、地位以及个人的经历不同，每个人对于敏感话题的定义不同，或许有人认为这一话题无关紧要，但是对于其他人来说，就是不可触碰的“禁区”。比如中国人见面，无论认识与否，在寒暄时可能会问及对方的年龄、工作、近况等，以示亲密；但是对于外国朋友来说，但凡这类涉及个人隐私的问话都是比较敏感的，关于家庭和金钱、经济等方面的话题更

是禁忌。所以，和人交谈时，一定要注意对方的不同身份而区别对待，不要只顾自己的兴趣而忽略他人的感受。这是尊重他人的表现，同时也能够显示自己的素质和修养。

和熟人交谈时，也要把握分寸，不要因为一时兴奋而信口开河，触犯了别人的禁忌。要知道，你所兴奋或得意的事情，或许正是别人心中的隐痛。如果只注重自己的感受，而不顾及他人的立场，就很可能会在无意中伤害别人，造成不必要的误会。

这是一个真实的故事。

2004年2月10日，在北京密云打工的山西小伙子冯俊清因为和女友发生口角，女友数日不归，心情郁闷，便打车前往密云水库散心。35岁的女司机王某为人热心，爱和乘客聊天，见冯俊清一副失魂落魄的样子，便打听事情缘由。了解了事情的经过后，王某劝冯俊清想开点，并且猜测说冯俊清的女朋友或许爱上了别人，所以才不回家。“这年头，女人不回家挺正常。我有一个邻居，因为两口子吵架，老婆跑了，后来老婆竟然被人发现做了‘小姐’；还有一个朋友，也是因为吵架，和老公赌气，最后和别的男人纠缠在了一起……”

因为从小就缺少家庭的关爱，冯俊清对女朋友的感情非常深，他不允许别人背后说她的坏话，加上司机王某所说的，正是冯俊清所担心的，所以他大声喝止王某不要再说了，否则就要对她不客气。王某很生气，觉得自己好心好意劝他，对方竟然不识好歹，于是和他争吵起来。争执中，王某说了一句：“你们外地人……”冯俊清从小就在外打工，因为没知识、没文化受了不少歧视，对当地人原本就怀有愤恨，如今一听王某这样说，更是火上浇油，认为王某和其他人一样，看不起他，在笑话他。于是冯俊清头脑一热，拿出随身携带的尖刀，朝王某胡乱刺了几十刀，将王某当场杀死。

司机王某本来出于一片好心，但是因为说话不慎，没有考虑到对方当时的心情和感受，两次触碰对方的“禁区”，最后死于非命，实在是祸从天降。所以与人交谈时一定要慎重，千万不可任性妄为，忽略对方的感受，从而酿成恶果。

此外，话题的选择往往不是由一方所决定的，作为女人，不仅要顾及他人的感受，交谈时要避开对方的敏感话题，当对方涉及自己的敏感话题时，也要学会巧妙回避、免除尴尬。当场动怒、翻脸是不可取的，若对方是无心的，可能会令双方都很尴尬，影响彼此的感情；若对方是有意的，那么激怒你或许正中他下怀，令你当众出丑或难堪正是他的目的所在。这时就必须采取装聋作哑、答非所问、避重就轻、故作糊涂等方法和技巧，沉着应对，巧妙周旋，才能既保全自己的颜面和尊严，又不致对方过于尴尬或恼怒，维系良好的人际关系。

顾全他人的颜面就是成全自己

对于中国人来说，面子问题或许是人际交往中最注重的一个方面。项羽战败，为了保全颜面，竟不惜自杀，可见面子问题竟然比千秋霸业还重要。而人与人之间的交恶，也往往出于面子问题。三国时，孙权替儿子向关羽求亲，关羽拒绝说："吾虎女怎肯嫁犬子乎？"令孙权大失颜面，怀恨在心，最后关羽被自己的盟友孙权所杀。历史上，因为逞一时口舌之欲而引来灾祸的事例比比皆是，究其原因并不在于双方有什么深仇大恨，只是因为一方言语不慎，令对方感觉"很没面子"，最终反目成仇。现代社会，由于言语不慎令对方"丢面子"的事例也屡见不鲜，所以聪明的女人一定要管好自己的嘴巴，给足对方面子，不要让对方"丢面子"，才能换来良好的人际关系，成为一个处处受欢迎的人。

俗语说："蚊虫遭扇打，只为嘴伤人。"尖酸刻薄、讥讽嘲笑是人际交往中的大忌，揭人短处、暴人隐私更是令人深恶痛绝的行径。你不给别人"面子"，别人就会不给你"里子"，轻则撕破脸皮，当场大吵一架；

重则记恨在心，日后伺机报复。这就叫“以牙还牙，以眼还眼”，是人之常情；而“你敬我一尺，我敬你一丈”，也是人际交往中最寻常的一条准则。当你保全了他人的颜面，特别是在公共场合，别人定会铭记在心，感恩戴德，日后投桃报李，刘备三请诸葛亮就是一个很好的例证。因为刘备给足了诸葛亮面子，三顾茅庐请诸葛亮下山，诸葛亮自然全心以报，不仅倾尽一生辅佐刘备，还辅佐了他的儿子刘禅，鞠躬尽瘁、死而后已。

19世纪30年代，美国正值经济大萧条时期。一个17岁的女孩好不容易找到了一份工作——在一家高级珠宝店当营业员。虽然工资不高，但是女孩非常珍惜这份工作，因为她必须依赖这份工作来贴补家用。

圣诞节前夕，珠宝店的生意非常红火，女孩正在整理柜台上的戒指时，进来了一个中年男人，衣衫褴褛，满脸落魄，贪婪地盯着那些高级珠宝。

突然，电话铃响了，因为着急接电话，女孩一不小心碰翻了一个盛放珠宝的碟子，六枚精致的钻石戒指瞬间掉在了地上。女孩急忙俯下身寻找，结果只找到了五枚，第六枚怎么也找不到了。

这时，她看到那个衣衫褴褛的男人正朝门口走去，顿时，她知道第六枚戒指在哪儿了。

当男人的手即将触碰到门把手时，女孩柔和地喊了一声：“对不起，先生！”

男人身形顿住，转过身来，双方对视足足一分钟，然后男人声音颤抖地问：“什么事？”

女孩没有说话，男人的手不自主地伸进口袋，粗声粗气地再次问：“什么事？”

女孩低着头，神色黯然地说：“先生，这是我的第一份工作。唉！现在这个年代，找一份工作可真难，您说是吗？”

男人不语，低头沉思了良久，忽然一个温和的微笑浮现在他的脸上：“是啊！的确如此。但是我相信，你在这里一定会做得不错。”说着，男人向前一步，把手伸向女孩说：“我可以为你祝福吗？”

女孩立即伸出了手，微笑着，紧紧地握住了男人的手，十分柔和地回答：“也祝你好运！”

随后，男人转身离开，女孩目送他的身影消失在大门外，转身回到柜台，轻轻放下手中的第六枚戒指。

毋庸置疑，那男人是一个贼，但是女孩却用一种十分巧妙的方法保全了他的颜面，最后不仅找回了戒指，还得到了对方的祝福。试想一下，假如当时女孩不顾一切大喊起来，被逼得走投无路的男人说不定会做出什么穷凶极恶的事情，后果不堪设想。所以无论什么人，心中都有善恶，都需要颜面，假如你既能指出对方的错误，又能保全他的面子，那么对方心中的善良就会被唤醒，就会用善意来回报你的好心，从而皆大欢喜。

适时沉默也是一种智慧

苏联纪实文学《卓娅和舒拉的故事》中描述了这样一件事：

舒拉和其他孩子打架，被撕破了大衣。母亲看了很生气，也很心疼，但是她却什么也没说，而是坐在灯下，默默地用针线缝着，直到深夜。这种一言不发的沉默对于舒拉来说，更胜于狂风暴雨般的训斥，他在沉默中体会到了母亲内心的痛苦和自己良心上的谴责，最后痛悔地说：“妈妈，以后我永远也不这样了。”

这就是沉默的力量。不仅在教育上，人们推崇“道德的振动比语言的惩罚更有力”，在人际交往中，适时沉默也是一种智慧。法国思想家蒙田曾说过：“沉默较之言不由衷的话更有益于社交。”所以，女人要学会适时沉默，当到了语言表达的极限时，要学会用沉默来应对。“此时无声胜有声”，更能显示出女人的内涵与气魄。

有人曾经说过：“有时候你被人误解，你不想争辩，所以选择沉默。

本来就不是所有的人都理解你，所以你认为不必对全世界喊话。”这就道出了沉默的真谛。在生活中，难免出现意见不合，当对方大喊大叫时，女人要学会控制自己的情绪，保持适度的沉默，这不仅有益于维护自身的形象，也能令对方保持冷静，更好地解决问题。适时的沉默并不意味着退缩、胆怯和无能，相反，有时却包含着宽容、了解和尊重。

一天上午，总经理宋萍正在办公室办公，突然，门被用力推开，闯进来一个怒气冲冲的女人。她走到宋萍的桌前，张口便骂，说宋萍勾引她的老公、破坏她的家庭。女人骂得很难听，骂到激动处时，还用拳头猛击桌面，甚至将桌上的一个茶杯摔到了地上。办公室的所有人都涌到了门口，有的人替宋萍担心，有的人却幸灾乐祸，一心想看笑话。

宋萍面对暴跳如雷的女人，一言不发，坐在椅子上，静静地看着她。女人叫骂了一通之后，发现宋萍一句话也没说，不禁感到意外。愤怒没有遭到反击，就如同拳头击打在了棉花上，软绵绵的，没有着力点。女人有些泄气，终于戛然而止，双眼瞪着宋萍，似乎在等她的答复。

宋萍依旧一句话也不说，转而起身倒了一杯开水，放在女人的面前。女人被她的举动惊呆了，嘴唇动了动，似乎想说什么，但最终还是什么也没说，转身离开了办公室。

看热闹的人还没散去，那女人突然又冲了回来，她来到宋萍面前，连连道歉，说自己认错了人，实在对不起。宋萍笑着把水杯再次递给她，说：“你认错了人，我早就知道了。”女人奇怪地问：“你明知我认错了人，为何我那样骂你，你也不争辩、不还口？”宋萍说：“你是抱着决一死战的心态来的，我若为自己分辩，岂不是火上浇油？再说当时你那样的心情，我说什么，你能听得进去吗？索性还不如让你发泄完，自己冷静下来，自然一切都清楚了。”

“你真是一个了不起的女人。”女人敬佩地说，大家都鼓起掌来，而那些在一旁幸灾乐祸的人则惭愧地低下了头。

当所有的辩解都无济于事甚至越描越黑时，沉默便是最有力的反击，也是对自己最好的保护。这世上清者自清，浊者自浊，有时多说反而无益，适时沉默，终会获得公道，这就是宋萍有效捍卫尊严、获得他人敬重的原因。

可见，沉默不仅是一种智慧，更是一种境界。正如李敖所说的：“沉默就是进步的表示……沉默带给我缜密的思考、清醒的意识、安定的内心与沉重的情绪，多说可不必说的话只是证明我为人没有定力，言辞没有分量，这些都是不成熟的表现。”沉默中有冷静，冷静中有思索，思索中有智慧，这才是成熟女人魅力的展现，也是成熟女人的智慧人生。

聪明女人不在背后议论他人

爱议论他人，特别是爱在背后议论他人是女人的恶习，人们通常称此类女人为“长舌妇”。任何一个女人，一旦被冠以如此“称号”，那么无论她的外表多么鲜丽，也会因其卑劣的人品而被人嫌恶与唾弃。

有人或许会用“谁人背后不说人，谁人背后无人说”来为自己辩解，以此证明背后议论他人是人之常情，是任何人都不可避免的。但是“流言止于智者”，就算自己无法阻止别人的议论，起码可以做到不同流合污，独善其身。古人常说 “静坐常思己过，闲谈勿论人非。”这是智者的为人处世之道，也是个人素质与修养的重要体现。

比尔·盖茨在退休前给年轻人提出了十条建议，其中一条就是：永远不要在背后议论别人，因为这样的心态会让你走上坎坷艰难的成长之路。喜欢在背后捕风捉影、以讹传讹、搬弄是非的人，一般多少都有些心理疾病。别人得了荣誉，而自己又没有当面较量的实力，于是妒火中烧，便在背后编排是非，暗箭伤人；别人遭遇不幸，于是更加幸灾乐祸，添油加醋、歪曲事实，大肆宣扬，来满足自己扭曲的心理。这样的人，人人都敬而远之，因为当他们听见你背后议论别人时，难免会产生这样的思虑：

“你如今在我的面前道他人的长短，必定也会在他人的面前搬弄我的是非。”所以，这种以说长道短为爱好、以诽谤他人为乐趣的人，非但不会得到别人的真心喜欢，反而会成为过街老鼠，人人唯恐避之不及。可以想象，这样的女人，其人际关系有多么糟糕，而本人又怎会收获事业的成功、生活的幸福呢？

杨娟是公司的业务骨干，为人活络、能言善辩，但始终得不到升迁，其关键原因就在于她喜欢背后议论他人，搬弄是非。

公司最近新调来一个副总，年轻漂亮，气质非凡，这又给杨娟提供了可谈之资。她挖空心思，到处打听小道消息，然后在办公室内大肆宣扬。

一天，她去新副总的办公室送材料，看见副总办公桌上的一本书中露出照片的一角，她偷偷抽出来瞄了一眼，竟然是总裁和新副总的合影。新副总挽着总裁的胳膊，头微微地靠在他的肩膀上，两人神态亲昵。

杨娟像打了鸡血一样兴奋，很快，新副总是总裁的“小蜜”这样的流言在整个公司传播开来，几乎人人皆知。杨娟在散布这个消息的同时，还不忘加上一句：“怪不得年纪轻轻就做了副总，原来是靠美色换来的。”

两天后，总裁突然来公司，并召开了全体人员会议。在会上，总裁郑重地向大家宣布，新副总是自己女儿的事实。

“我本来不想宣布这个事实，因为我女儿博士毕业后回国帮我打理生意，完全想凭借自己的实力，不想让别人说是因为借助了我的力量。但是最近公司有很多流言，而且荒唐至极，不仅给我女儿的身心造成了严重伤害，而且给公司的声誉造成了负面影响。对此我将保留诉诸法律的权利，为我和女儿讨回公道。”

杨娟面如土色，此刻，她才知道，背后议论他人、以逞口舌之快会给自己带来多么大的灾难。后来，通过杨娟的公开赔礼道歉和各方协调，虽然她没有遭受牢狱之灾，但却丢了工作，并且恶名远扬，成为圈子里人人皆知的“长舌妇”，再也没有人愿意雇用她了。

杨娟的结局是情理之中的，有谁愿意与这样的小人为伍、将一颗定时炸弹埋在自己的身边呢？“舌头底下一把刀”，而这把刀既可以伤人也可以伤己。《古兰经》里把背后议论他人比喻成“吃兄弟的肉”。可见，人们对于背后议论他人的行为多么深恶痛绝。

作为女人，一定要摒除背后议论他人的陋习，提升自身素养，养成“有话当面说，背后不议论”的良好行为习惯，光明磊落、正派坦荡，塑造高贵优雅的靓丽形象。

学会用话外之音表情达意

人们常用“话中有话，言外有意”来指一个人说话婉转含蓄、令人深思。人际交往之时，袒露心扉、直来直去地表达固然可以显示出说话者内心的坦荡，但是有时过于直白、口无遮拦，会令他人难堪、令自己遭殃。所以，聪明的女人要学会用话外之音来表情达意，将自己无法或者不愿说出口的真实意图巧妙地隐藏在言语当中，令对方心领神会，往往能够达到出乎意料的效果。

诗人但丁有一次参加宴会，看见别人盘子里都是大鱼，而自己的盘中却是小鱼，于是拿起小鱼放在耳边，摆出一副认真倾听的样子。主人见了觉得好笑，问他为什么要这样做，但丁回答：“我有一个朋友出海的时候遭遇了海难，不幸去世了。我问问小鱼有没有他的消息，可小鱼说：‘那时候我们还没出世呢，你要问大鱼。’”主人一听，立刻明白了但丁的意思，让仆人端上了大鱼。可见，说话含蓄委婉，不仅能让他人免除尴尬，还能巧借话外之音让对方明白自己的意图，令自己在人际交往之中如鱼得水、游刃有余。

女人婉转温润的性格更适合用话外之音来表情达意，含而不露的语言就像绵绵春雨沁人肺腑，令听者愉快而又心甘情愿地接受。俗话说：“响鼓何须重锤擂。”给人提意见也好、批评他人也好，哪怕争论辩驳也好，

生硬直接、口若悬河得再多也无法让人心悦诚服，巧用话外之音轻轻敲打，哪怕只言片语也能令人心领神会。比如莱曼·阿伯特把自己的演讲稿拿给妻子看时，聪明的妻子没有直接批评演讲稿写得多么糟糕，而是这样对丈夫说："亲爱的，假如你把这篇演讲稿寄给《北美评论》，那么他们将会很高兴的。"结果，丈夫欣然接受了她的意见，重新写了一篇更适宜演讲的稿子，并获得了成功。

张雅在一家广告公司做策划工作。有一次，老板让她做一份关于新开楼盘的广告创意。张雅准备了几个方案，老板挑选了其中最满意的一个。策划很成功，张雅认为其他几份创意方案已经没什么用了，于是一段时间之后，在清理资料时就把备份删除了。不料，老板突然又接到了一个类似的广告，想起张雅以前做的备选策划中，有一个还不错，于是向张雅索要。张雅一时忘记了策划的去向，便顺口对老板说："我忘在家里了。"

回到办公室，张雅突然想起来，备份已经被自己删除了。于是她赶紧凭借印象重新制作了一份，上交老板。本来这不算什么大事，但是同一办公室的王欣素来嫉妒张雅，于是趁机向老板说了事情的经过，并说张雅为人不诚实，不值得信任。好在老板对张雅的印象一直不错，也没怎么听信王欣的话，只是嘱咐张雅今后做事要谨慎小心。

事后，张雅没有直接找王欣"兴师问罪"，而是借午饭之机，大家谈论上班时总堵车、怎样到公司最快时，风趣地说："我看呀，再快也快不过老板的两只耳朵呢！不过，"她笑着说，"每个人都有两只耳朵，只不过不能用来做交通工具呀！"说着还不忘看了王欣一眼，王欣的脸瞬间变红了，以后再也没在老板面前说过张雅的坏话。

对于同事之间的矛盾，若是当面痛斥，必然会令双方难以下台，也不利于今后共事。所以张雅巧妙地借用交通工具一事，讽喻王欣向老板打小报告，同时说出自己的言外之意："我也有两只耳朵，所以你说的话很快也会传到我的耳中。"借此告诫王欣不要再搬弄是非。张雅此举真可谓聪明至极。

文学家刘熙载说："词之妙，莫妙予以不言言之。非不言也，寄言也。如寄深于浅，寄厚于薄，寄劲于婉，寄直于曲，寄实于虚，寄正于余，皆是。”语言的魅力也是如此。我们常常用“白开水”来形容一个人说话直白、没有深意，而将真情实意用含蓄的语言表达出来，方能显示出女人的修养、内涵和韵味。但是含蓄也要讲究“适度”，过分隐晦就会给人以云山雾罩，不知所云之感，反而让人产生反感和不快。

所以，含蓄不是让人猜谜，更不是卖弄学识，只有让对方听懂，并体会其中的“言下之意”、“弦外之音”才是真正的高明。然而，并不是所有场合都适用话外之音，需要坦诚相待、直言不讳时，遮遮掩掩、含含糊糊只会令人觉得你虚伪、做作，甚至别有用心。所以巧用话外之音一定要分清场合与对象，只有把握好分寸，才能收到预期的效果。

第7章 直言曲达，女人婉转说话不伤人心

生活中大家都喜欢和心直口快、个性爽朗的人交往，因为这样的人心思简单，容易相处。但是过于心直口快也容易祸从口出，得罪朋友。所以，女人应该学会直言曲达、婉转说话，让自己在人际交往中永远处于有利的位置。

说话太直，容易伤人

有的人说话，经常不掩饰自己的情绪，不分场合，也不分对象，不考虑说错话会引起什么后果。结果无意中得罪了别人。在特殊社交场合中，直话直说是致命伤。别误解，这不是在鼓励说谎。这里讲的是一种高深的艺术，一种和斗牛相似的艺术。谈话高手就像斗牛勇士一样，应付自如、闪避灾难。

“快人快语”在人际交往中容易得罪他人，会让你在人际屡遭挫折。虽然有些话是实话，但是也不要直说，正所谓话到嘴边留三分，而揭人短的老实话更是不能轻易出口。

张小姐在某国家机关办公室工作，她性格外向，爱说爱笑，快人快

语。每当需要对某件事征求她的意见时，她总是直来直去，而且她的话总是在揭别人的“短处”。有一次，同部门的一同事穿了件新衣服，别人都称赞“漂亮”、“合适”等，可当他人问张小姐感觉如何时，她便毫不犹豫地回答说：“你身材太胖，不适合。这颜色对于你这个年纪的人也不合适。”

此话一出口，原本兴致勃勃的同事马上变脸了，而周围大赞其衣服如何如何好的人也很尴尬。因为，张小姐说的就是大家都不愿说的得罪人的“实话”。虽然有时她也为自己的口无遮拦而后悔，但她总是无法做到沉默不语。久而久之，同事们把她排除在外，很少就某件事情再去征求她的意见。她很快成了这个办公室的“外人”。

英国思想家培根曾说过：“交谈时的含蓄与得体，比口若悬河更可贵。”做人固然要正直，但并不意味着可以直言不讳。

在日常生活中也不乏这样的例子：当你要求别人做一件事，或是指责别人有过失的时候，你要尽量把主动权交给对方。例如，某一同事衣帽不整，有损自己的形象，你可以说：“这样还算挺好的，但如果能够把这个颜色再换一下，会更好些。”这样的话语就会令人乐于接受。

委婉的语言是曲折地表达自己的意思，听者认为你是为他着想，或者感到合情合理，这就容易达到预期效果。

所以，在交往中，有驾驭语言功力的聪明女性，会自如地运用多种委婉的表达方式。她们知道，生活中并非处处都能“直”，有时需要含蓄、委婉些，才能达到最佳的表达效果。

小珊和老公星期天去婆婆家吃饭，看见小姑子穿了条新裙子，猜想是婆婆买的，自己也很喜欢。就故意对小姑子说：“好漂亮的裙子，从哪里买来的，真有眼光。”婆婆在一旁答话：“从对门商场买的，刚到的货。我先买了一条，让你们穿上试试，要看中了，下午再买一条，你们俩一人一条。”

如果小姗直接问裙子是否是婆婆买的，不但自己得不到新裙子，而且可能会惹得婆婆不高兴。然而小姗采用婉转含蓄的说话方式，旁敲侧击，收到了意想不到的神奇效果。

说话含蓄，是一种艺术："言有尽而意无穷，余意尽在不言中。"同样的意思，换一个角度，委婉含蓄地说出来，听者会觉得很受用，而且越揣摩，似乎含义越深、越多，因而也就越有吸引力和感染力。

委婉说话不仅是一种策略，也是一门艺术。含蓄委婉地说话，正是待人周到的表现。作为一名现代女性，应当形成这种文明意识，掌握这一有利于人际交往的语言表达方式。

下有人情味的逐客令

吃过晚饭，女人希望静下心来读点书或做点事，然而那些不请自来的闲聊者又要扰得你心烦意乱了。你勉强敷衍，焦急万分，极想对其下逐客令但又怕伤了感情，故而左右为难。

其实，要想将"逐客令"下得有人情味，可以参考以下方法：

1. 以写代说

我们可以贴一些诸如"我家孩子即将参加高考，请勿大声喧哗"、"主人正在自学英语，请客人多加关照"等纸条，制造出一种惜时如金的氛围，使闲聊者理解和注意。一般来说，纸条是写给所有来客看的，并非针对某一位，所以不会令某位来客很难堪。

2. 以热代冷

用热情的语言、周到的招待代替冷若冰霜的表情，使闲聊者在"非常热情"的主人面前感觉不好意思，进而下次不敢贸然再来。

过分热情的实质无异于冷待，这就是生活辩证法。但以热代冷，既不失礼貌，又能达到"逐客"的目的，效果之佳，不言自明。

3. 以攻代守

用主动出击的姿态堵住好闲聊者登门来访之路。一段时间后，他很可能不再“重蹈覆辙”。以攻代守，先发制人，是一种特殊的逐客令。

4. 以疏代堵

闲聊者之所以喜欢嚼舌根，就在于他们既无大志又无高雅的兴趣爱好。如果改用疏导之法，使他有计划要完成，有感兴趣的事可做，他就无暇光顾你家了。显然，以疏代堵能从根本上消除不堪打扰之苦。

一样的话，说出不一样的效果

中国有句古话叫“不看你说的什么，只看你怎么说的”。同样一个意思，不同的人有不同的说法，不同的说法有不同的效果。与人交流时，不要以为内心真诚便可以不拘言语，我们还要学会委婉艺术地表达自己的想法。

有一位国王，梦见自己所有的牙齿都掉了。一觉醒来，他找到一位智者为他解梦。

智者说：“陛下，您很不幸，每掉一颗牙齿，就意味着您会失去一个亲人。”

国王大怒：“你这个大胆狂徒，竟敢胡说八道，给我滚出去！”随后，他令人重打这位智者100大板。

国王下令找来另一位智者，并向他讲述了自己的梦。认真听完后，这位智者对国王说：“高贵的陛下，您真幸福呀！这是个吉祥的梦，意味着您会比您的亲人长寿。”

国王大喜，令人重赏这位智者100个金币。

这位智者走出宫殿时，一位礼宾官很不解地说：“真是不可想象！您对梦的解释其实同第一位智者差不多，为什么他受到的是惩罚，而您得到的却是奖赏呢？”

这位智者语重心长地说："很简单，一切都是因为说话方式的不同啊。"

问题不在于你说了什么，而在于你是怎样说的。舌头是天底下最有威力的武器，它可以打动别人，清除你成功路上的障碍，也可以伤害别人，为你增添阻碍，所以学会利用舌头是人生的必修课。你只有认真听，仔细想，反复推敲，才能掌握巧妙的说话技巧。也只有这样，才能达到自己的目的。

据传在某国的教堂内，有一天，一位教士在做礼拜，忽然烟瘾上来了，便问他的上司："我在祈祷时可以抽烟吗？"结果，遭到了上司的呵责。然后另一位教士也犯了烟瘾，却换了一种口气问道："我吸烟时可以祈祷吗？"上司竟莞尔一笑，答应了他的请求。

一句话到底应该怎么说，其实很简单，你只要设身处地从他人的角度想想就会明白了。

周末，许多青年男女伫立街头。他们中有不少人是等待与情侣约会的，有两个擦鞋童正高声叫喊着以招徕顾客。其中一个说："请坐，我为您擦擦皮鞋吧，又光又亮。"另一个却说："约会前，请先擦一下皮鞋吧。"

结果，前一个擦鞋童摊前的顾客寥寥无几，而后一个擦鞋童的叫喊声却收到了意想不到的效果，青年男女纷纷跑来让他擦鞋。

这究竟是什么原因呢？其实原因很简单，分析一下就可以得出答案。我们听到第一个擦鞋童的叫喊内容，尽管充满礼貌、热情，并且附带着质量上的保证，但这与此刻青年男女们的心理差距甚远。因为，在黄昏时刻破费钱财把鞋擦得又光又亮，显然没有多大必要。而第二个擦鞋童的叫喊内容就与此刻男女青年们的心理非常吻合。"月上柳梢头，人约黄昏后"，在这充满温情的时刻，谁不愿意以干干净净、大大方方的形象出现在自己心爱的人面前呢？

一句"约会前，请先擦一下皮鞋"，真是说到了青年男女们的心坎上。可见，这个聪明的擦鞋童，正传递着"为约会而擦鞋"的温情爱意。

一句“为约会而擦鞋”一下子抓住了顾客的心，因而大获成功。

所以，一个心理成熟、懂得社交技巧的女性应该知道实话不一定要直说，而可以幽默地说，婉转地说或者延迟点说，私下交流而不是当众说，等等。同样是说实话，用不同的方式说，效果会迥然不同。

一般情况下，我们在说话之前，要经过一番慎重的考虑，要知道，我们强调的不是说了多少话，而是通过说话最终要达成什么目的。所以，在说话之前，一定要确立说话的目标，还要学会察言观色，善于把握对方的心理，充分考虑到说什么话，如何说，什么时候说。确定了这几点，再开始说话，才能收到良好的效果。另外，我们还要充分考虑说话的对象是谁，然后再酌情说话，这样才会避免一些敌对情绪，成为一个处处受欢迎的人。

真诚坦言，让别人没有芥蒂

大量事实证明，女性说话的魅力并不在于语言的华丽、讲话的流畅，而在于你是否倾注了感情，表达了真诚！最能推销产品的人并不一定是口若悬河的人，而是善于表达真诚的人。当你用得体的话语表达出真诚时，你就赢得了对方的信任，建立起人与人之间的信赖关系，对方也就由信赖你这个人而喜欢你说的话。真诚，不论对说话者还是对听话者来说都非常重要。

正如白居易所说：“感人心者，莫先乎情。”说话时既以理服人，又以情感人。人是感情动物，语言所负载的信息，除了理性信息外，还有感情信息。这种感情信息，内涵十分丰富。其功能不仅要诉诸人的理智，更要打动人的情感。

因此，女性朋友在与人交谈时，首先应想到如何把你的真诚注入讲话之中，如何把自己的心意传递给对方。听者只有感受到你的诚意，才会打开心门，接收你所讲的内容，彼此之间才能实现沟通和共鸣。

诚实是一个人走向人生顶峰时所自然呈现的坦诚，是一种坚韧的力量。在诚实的人眼里，一切谎言虚饰都变得毫无意义，甚至面目可憎。

事实上，有许多女性朋友对所谓“口才”往往有一种误解，她们以为伶牙俐齿、口若悬河就是真正的好口才。这其实是犯了一个根本性的错误，真正会说话的人，言辞之中总会有一种深刻的感染力，大家会认为这是一个光明的人、一个热忱的人，于是很自然地把与其为伍当作一种荣幸。

我国著名的翻译家傅雷先生说：“一个人只要真诚，总能打动人的，即使人家一时不了解，日后便会了解的。”又说：“我一生做事，总是第一坦白，第二坦白，第三还是坦白。绕圈子，躲躲闪闪，反而易叫人疑心。你耍手段，倒不如光明正大，实话实说。只要态度诚恳、谦卑、恭敬，无论如何人家不会对你怎么的。”

诚实的女人常常谈笑从容，她们的眼睛和口气使你无法怀疑话语的真实性。她们可以坦诚地谈论自己的出身、处境和对事情的看法，使你感到所谓荣辱进退、尊卑显隐之间，有一个大道理存在。掌握这一道理的人敢以真面目示人，这样的人让人感到踏实牢靠。

与人交谈贵在以心换心，坦白、真诚，表露真心。对方会感到你信任他，从而卸下戒备心理，把你当作知心朋友，乐意向你诉说一切。心理学家认为，每个人的思想深处都有内隐闭锁的一面，同时，又有希望获得他人理解和信任的开放一面。然而，开放是定向的，即向自己信得过的人开放。以诚待人，能够获得人们的信任。以一个开放的心灵换取到一位全心帮助自己的朋友，这就是用真诚换来真诚。如果女性朋友在与人交谈时，能用坦诚取代防备、猜疑，一定会获得出乎意料的效果。

用赞美的话鼓励他人改掉缺点

很多时候，我们善意提醒别人注意改正自己的错误，甚至为此不断地进行批评和教育。但是别人的缺点和不足没有得到改正，却因此产生了逆反情绪，导致缺点不足变得更加严重。

这时候，不妨转变一下思想，将你的批评和责难转为赞美和欣赏。这样对方就不会产生逆反心理，别人受了赞美，内心愉悦，自然会努力地改变自己，让自己变得更完美，这就是赞美的力量。对于女人而言，更要学会使用赞美的力量来改变身边的亲人，你亲切的赞美，远比愤怒的责骂更加有助于你身边的亲人改掉缺点。

于娜非常讨厌爸爸抽烟，每次在他“吞云吐雾”的时候，总是表现出烦躁和厌恶的情绪。她多次劝说爸爸戒烟，可是无济于事。为此，父女俩矛盾不断。

为了女儿，爸爸终于作出了个艰难的决定——戒烟。得知爸爸开始戒烟之后，于娜非常高兴，她围在爸爸的身边，又是削苹果，又是端茶倒水，这更坚定了爸爸戒烟的决心。

可是对于抽了几十年烟的爸爸来说，一下子戒掉很难。戒烟的第一天，他总是觉得生活中缺少了点什么，坐立不安。当他悄悄地躲在卧室里准备点烟时，于娜出现了，果断把烟掐了。

她并没有笑话爸爸，而是在一边鼓励说：“爸，你已经坚持了大半天了，再忍一下，坚持有一个好的开始。”

听了于娜的话，爸爸点了点头。又过了一个小时，犯烟瘾的他非常难受。尽管于娜给他削了苹果，剥了橘子，但是他总觉得嘴里没有味道。最后实在忍不住了，对于娜说：“娜娜，爸知道你为我好，可我抽了几十年了，一下子戒掉我肯定受不了的。这样吧，爸爸答应你逐渐减少，争取用一个星期的时间完全戒了，行吗？”

看到爸爸哀求的眼神，于娜于心不忍，再加上她也懂一些医学知识，

爸爸说的确实在理。于是同意爸爸抽一根。事实上，这一天爸爸共抽了5根。第二天，于娜对爸爸说：“爸，你尽管没有立即把烟戒掉，但是你已经了不起了，昨天抽了5根，比起之前，少了一大半了。加油，爸。”

第二天，爸爸共抽了4根，于娜为他做了可口的饭菜以示对他的鼓励。吃着女儿亲手做的饭菜，爸爸非常感动。从小到大，女儿第一次做饭，而且是亲手为他而做。他暗暗下决心，一定要把烟戒掉，不辜负女儿的厚望。

第三天，爸爸共抽了3根。第四天，爸爸共抽了2根，到了第六天，爸爸一整天都没有抽烟。于娜搂着爸爸的脖子高兴地说：“爸，你真棒，你终于做到了，做到了！”尽管有些难受，但是看到女儿兴奋的样子，爸爸感到很知足。

案例中的于娜在帮助父亲戒烟的过程中，一改过去的苦苦相逼，而是用不断的赞美，用肯定父亲做出的努力，从而鼓励父亲戒掉了烟。当一个人受到赞美的时候，内心愉悦，会为了获得下一次赞美不断努力。但是当一个人受到批评的时候，内心是愤怒的，为了发泄这种愤怒，会向相反的方向努力，以此来表示抗衡。由此可见，若想让你身边的人改掉缺点和不足，不要批评他们，而应该赞美和欣赏他们。那么，作为女人，如何用赞美的语言去鼓励他人改掉缺点和毛病呢?

1.用放大镜看做出的努力

当你用放大镜来看对方所做出的努力时，不要因为无足轻重就忽略了。哪怕是一丝一毫的进步，都要及时地给予肯定和赞美。也许正是这微不足道的进步换来日后更大的进步，关键在于你能否及时地用赞美来催化。作为女人，要学会用放大镜去看别人的优点，你会发现，即使浑身是毛病的人身上，也有令你称赞不已的优点。

2.用望远镜看扩大的缺点

对于别人的缺点和不足，即使再大，也要学会用望远镜去看，把错误和缺点无限缩小。很多人之所以无法改掉自身的毛病，是因为他给自己贴上了标签。当你让他明白，他并没有那么多缺点，或者他的缺点并没有那

么严重的时候，他就会努力改正，让自己变优秀。因此，要学会用望远镜看被扩大的缺点，把缺点缩小，以此来增强别人改正缺点的信心。女人更要有一颗柔软的心，学会把别人的缺点看小。

3.用赞美激发努力，遏制退步

有的人在改掉自己缺点的路上越走越慢，这时候，千万不要指责和批评他，而是要鼓励和赞美他。相信人都爱听鼓励，而不愿意听到任何的批评和责难。你的鼓励和赞美会让他人，不断完善自己。作为女人来说，要有耐心，更要善良。相信你的赞美能让你身边的人改掉毛病和缺点。

说话不揭底，给对方留面子

在生活中，很多人心直口快，这在一定程度上虽然方便人与人之间的交流，但是，却会在无意中，揭露了对方的老底，让别人很没面子。尤其对一些女性来说，说话时更要注意一些，不要因为男人喜欢你的坦诚，就口无遮拦将别人置于尴尬的境地，从而给工作和生活带来不必要的麻烦。

王宇是公司里一位非常优秀的职员，人不仅长得漂亮，心地善良，而且非常开朗活泼，常常是大家的开心果。但是，她最近却老被老板批评，这让她非常郁闷。

前不久的一天，王宇通宵加班，第二天，她早早地就来到了公司，在进门的时候，正好碰到了老板。老板二话没说，把她叫到办公室劈头盖脸就是一顿批评，无论王宇怎么解释，老板就是听不进去。她只能怀着满肚子的委屈低头认错。之后她请教了公司的一些老员工，别人偷偷暗示她：“你是不是以前在言语上得罪了他啊？”

这时，王宇才如梦初醒，平日里她看着老板脾气非常好，态度又和蔼，她经常想说什么就说什么，老板也很欣赏王宇的坦诚和实在。可是她的口无遮拦却给她带来了麻烦。

记得有一次，老板来公司的时候穿了一套非常笔挺的西装，大家齐声称赞老板穿西装很帅气，只有王宇在一边笑着说：“款式不错，不过好像是去年的啊。”当时，老板非常尴尬。

就在前几天，一个客户和老板谈生意，签完合同后，客户不断地称赞老板的签名非常漂亮，这时，王宇进来了，笑着说：“能不好吗，我们老板为此苦苦练习了三个多月呢。”当时老板的脸色非常难看。

回想起这些，王宇真是后悔莫及啊，由于平日里自己口无遮拦，让老板尴尬、没面子，怪不得自己总得不到提拔，还经常挨批评。

案例中的王宇由于口无遮拦，经常言语上不给老板留面子，以致老板找了个机会狠狠批评她。因此，作为女性，说话之前请考虑清楚，什么话该说，什么话不该说，什么话说出来别人能接受，什么话说出来别人接受不了。那么，在这个过程中，要注意哪些方面呢?

1.说话之前多想想

说话之前请多想一想，什么话该说，什么话不该说，什么话说出来别人能接受，什么话说出来别人接受不了。这样，就会顾及到别人的感受，就会有所取舍，而不至于揭露别人的老底，让对方很没面子。

2.心直口快看情况

说实话，本没有错，但是也要看场合。有些场合你说实话，别人觉得你很真诚，但是有些场合，你说实话，别人就会觉得你很愚蠢。

3.点到为止把握分寸

很多时候，如果把话说得过于明白，过于透彻，很可能揭露别人的老底，让对方很没面子，下不了台。这时候，点到为止，让对方明白就行。这个分寸一定要把握好，既要让对方明白，又不至于伤害双方的情感。

多说圆场话，胜过无事讨人嫌

我们在说话办事时，有时会因意外情况使对方陷入尴尬境地，这时，你在给对方提供“台阶”的同时，如能采取某些妥善措施，及时为对方面子上再增添一些光彩，那是最好不过的了，会使对方更加感激你。

某人过生日，请亲戚朋友在饭店里吃饭。为此他还特意穿上了他去香港旅游时买的一件乳白色的蚕丝衬衫，自我感觉非常好。酒席宴前，他神采奕奕地向大家敬酒。结果一个朋友突然冒出了一句：“哥们儿，这衬衫可过时了啊！什么年代的东西了？看，上面什么啊，疙疙瘩瘩的！”某人听了脸色很不好看，半天都说不出一句话。有人赶紧站起来打圆场，对那个不会说话的朋友说：“你这小子外行了吧！这是蚕丝衬衫，价格贵着呢。而且这种衬衫不会起褶皱，不管多少年，照样跟新的一样。”饭桌上的其他人也立即应和着，纷纷称赞主人的衬衫珍贵而漂亮。某人舒心地笑了，请看，只是短短的几句话便化解了这场紧张尴尬的气氛。

每个人都爱听美言，有时当事人十分懊恼或不快时，只要旁人说几句得体的美言，便云开雾散了。

新郎新娘在众人簇拥下入席，第一盘盛满喜糖和糕点的金色塑料盘，由一个帮忙的伙计端了上来。可是就在伙计把盘子放在喜桌上的时候，只听“咔嚓”一声，盘子破裂了。宾客们听到刺耳的声音，目光全部扫了过来。端盘子的伙计吓了一跳，慌了神，脱口而出：“怎么是个破货？”这句话就像一声惊雷，被在场的人真真切切地听到了，气氛一下子紧张了。司仪徐静见此情景灵机一动，高声说：“大喜、大喜，这叫做破旧立新、岁岁平安。”一句话使得本来十分紧张的气氛顿时又欢腾起来。

要想成功地打圆场，可以针对实际情况，区别对待，或用幽默的话语转移话题，制造轻松气氛；或肯定双方看法的合理性，找到双方都能接受的解决方法。具体来说，下面的处理方式都有不错的效果，我们可以根据实际情况灵活运用。

1．转移话题，营造轻松气氛

在交际场合中，如果某个较为严肃、敏感的问题使得交谈双方都很对立，甚至阻碍交谈的顺利进行，我们可以通过转移话题来活跃气氛，或者通过幽默的话语将严肃的话题淡化，使原本僵持的场面重新活跃起来。

2．善意曲解，化干戈为玉帛

在交际活动中，交际的双方或第三者由于各种原因导致尴尬和难堪。为了缓解这种局面，我们可以装作不明白或故意不理睬他们言语行为的真实含义，而善意地作出有利于化解尴尬局面的解释，即对该事件加以善意的曲解，将局面朝有利方向引导和转化。

3. 善用假设，巧避锋芒

在特定的交际场合，有时碍于面子，有时把握不准，这时可以用假设句来表达。

有时，与师长、上级辩论，你认定自己的观点绝对正确，不肯让步，可是出于礼貌或无奈不能坚持，在这两难境地，假设句可以说是一种很好的解围方式。

由于附加了假设的条件，使表达变得婉转，所以问话人、说话者和涉及对象都能接受。

第8章　言语禁忌，聪明女人说话点到为止

有一些女性，心里藏不住话，看到什么、听到什么，或者刚有什么样的打算、什么样不满，马上就要通过嘴巴上说出来。这是一种轻率愚蠢的行为，多嘴多舌的女人，既不能守秘，又容易伤人，最后吃亏的还是自己。

能说会道本是一个人的优势，但是必须有一条底线，知道哪些话可以说，哪些时候需要保持缄默。掌握好说话的分寸，才可能在人前树立起自己的好形象。

伤人之言，不轻率出口

说话不加考虑，是一个人致命的弱点。那些常口出轻率之言、伤人之言的人，往往因为看事情只看到现象或表面，也只考虑到自己的“不吐不快”，而没有考虑旁人的立场，观念、性格和感受。所以他的话不论是对人还是对事，都会让人无法接受，于是人际关系就出现了问题，事业的发展也常常因之受挫。

灾祸往往出自于口，无论你身处什么位置，也不管你财富、势力有多雄厚、强大，嘴巴既能帮你平步青云也能让你人人侧目。所以，管不好自

己的嘴，无异于在自己身上装了一颗定时炸弹。

在姚明刚加盟NBA休斯敦火箭队的2002赛季，原NBA球星巴克利很瞧不起他，常规赛刚开打不久，他就在TNT电视台的“NBA内部秀”节目上口无遮拦个没完，并打赌说：在本赛季的任何一场常规赛上，姚明的得分如果能够上19分，他就去“亲吻”肯尼·史密斯的屁股。这句话后来传到姚明的耳朵时就要成了“如果姚明得到19分，巴克利就会亲吻姚明的屁股”。姚明听后幽默地说：“那好，我就拿18分算了。”

没想到之后不久，火箭队在客场对阵湖人队时，姚明单场砍下了20分，不但证明了自己，为自己赢得了尊重，同时还以口无遮拦的巴克利有力的一击。肯尼·史密斯得知姚明得了20分后十分兴奋，表示一定要让巴克利履行诺言，使得巴克利非常难堪，不得不去应付他的“赌债”。尽管后来巴克利亲吻的对象变成了驴屁股，但在电视机的镜头前亲吻驴屁股，对谁来说都是难堪的一幕。在镜头聚焦、强光灯闪耀之下，在周围一阵狂笑声中，巴克利不得不难堪地蹲下身去，无奈而痛苦地朝“肯尼·史密斯”的屁股吻去……

一个聪明人在人际交往中是从不会把话说死、说绝、说得自己毫无退路可走的。例如，“我永远不会办你所搞砸的那些蠢事”，“谁像你那么不开窍，要是我几分钟就做完了”，“你跟某某一样缺心眼儿，看他那德性”，等等。这样的话谁听了都会不舒服，人人都最爱惜自己的面子，而这样绝对的断言显然是极不给人面子的一种表现。

生活中很多不愉快的事儿都源于口无遮拦，所以学会委婉地表达自己的意思尤为重要。一般场合中，在发表自己的意见时，你可以先说“你的某件事做得挺好，效果、反映都不错”，然后，你再用“就是”、“但是”、“不过”等来做文章。谁都知道“但是”后面的才是真正要说的话，但前面的话一定要说，因为在中国它不是假话，也不是废话，而是为营造一种和谐气氛的客气话。你若直来直去，对方必然会觉得你扫了他的面子，会心生反感。所以，曲线救国，拐弯抹角的话不可少。

要想在公司里更好地发展，在社会生活中被人们所认可，就必须了解

这一点。这也是很多精于世故的人不轻易在公开场合批评别人的原因。

俗话说："良言一句三冬暖，恶语伤人六月寒。"所谓恶语，是指那些肮脏污秽、奚落挖苦、刻薄侮辱一类的语言。口出恶语，不但伤人，而且有损自身形象。在社交活动中，应当尊重人，温文尔雅，讲究语言美，切勿自以为是，出言不逊，恶语伤人。

言多必失，管住自己的嘴

俗话说："三个女人一台戏。"很多时候，人们总有这样的感觉，女人多的地方，似乎是非总是特别多，爱闹别扭的、小心眼儿的比比皆是，整天张家长、李家短传播是非的更是大有人在。

每个人都有好奇心，但这种好奇心却无意中成了矛盾的根源。比如大家在一起谈论其他同事，将议论传播出去，就会制造同事之间的矛盾，使办公室人人自危，对你这个导火索只有避之唯恐不及。

对女人而言，说话要把握一个度，不宜说太多废话，闲话。说话时要考虑听者的立场，无论是你的朋友、上司、老公、父母，还是孩子，请记得口下留情。

丽萍和吕霞是一对很要好的同事，平时两人共事，合作得很愉快。有时候其中一方遇到难事，也会一同散散步，互诉衷肠。

有一天下班，丽萍由于内心郁闷，便拉着吕霞出去吃饭聊天，说说知心话，解解闷。饭桌上，丽萍把自己内心深处最大的苦闷，也是最大的秘密告诉了对方。

原来，丽萍爱上了一个有妇之夫，她知道这样不好，但却欲罢不能，结果致使自己家人和对方家人都十分不满，矛盾重重而不得安宁，她不知道自己该怎么办。

她把这个隐私告诉吕霞后，再三叮嘱吕霞替自己保守秘密。当时，吕霞也郑重许诺，不会告诉别人。但是，不到一个月，丽萍竟然发现办公室里的同事都知道了这个秘密。并且，有一次因工作问题，与一个同事争吵几句，对方竟然拿这件事攻击她。最后，丽萍不得不痛苦万分地辞职了，而她与吕霞的友谊也彻底破裂了。她认为吕霞没有帮自己守住这个秘密，使自己受到了伤害。其实，这是她自己做事太过鲁莽，把自己的隐私交给别人保管，令自己深受其害。

聪明的女性，一方面要管好自己的嘴，保守住属于自己的内心秘密，另一方面，不要在同事面前议论他人的隐私，避免给同事留下一种“长舌妇”的印象。而且，听者心里没准儿会想：她既然会在我面前说别人不好，是不是也会在别人面前说我不好呢？这样的女人，我还是离她远点儿吧，免得引火上身！

在我们身边，常有一些喜欢打听他人秘密，而且添油加醋的人，如果你说话稍有不慎，可能就成了她嘴里的“泡泡糖”。这种人让人烦不胜烦，同时也让人防不胜防。因此，女性朋友最好管住自己的嘴，少说话，多做事，以免成为他人口中的“泡泡糖”。

女人谨慎有度是重点

世间诸事，有成有败，有得有失。而女人做事成败的关键在于是否掌握说话的分寸。说话有分寸要求女人在人际交往中对语言、表情、动作等都要把握一定的度，力求谦恭有礼，得体自然，潇洒大方，同时注意说话的时机和方式。任何夸夸其谈或是词不达意，都会影响相互间的交流。

女人在交际中要注意说话的分寸，尽量做到言语真诚、委婉，该说则说，不该说则应保持缄默，说话的程度及尺度应根据对象和交际目标而

定。我国有一句古话“说者无心，听者有意”。有时候，明明是无心的一句话，却“有意”地伤害了他人。轻则引起对方的反感，重则为自己引来灾祸。因此，当女人在社会上和他人打交道时，需要谨言慎行，注意拿捏自己说话的分寸。

一大早就听赵小惠不停地抱怨，“烦死了，烦死了！”一位同事皱皱眉头，不高兴地说：“本来心情好好的，被你一吵也烦了。”赵小惠是公司的行政助理，由于每天的工作琐碎繁杂，令她心烦。其实，赵小惠性格开朗外向，工作起来认真负责。虽说牢骚满腹，但该做的事情从不怠慢。

一天，赵小惠刚交完电话费，财务部的同事就来领胶水，赵小惠不高兴地说：“昨天不是刚来过吗？怎么就你事情多，今儿领这个、明儿要那个的？”从抽屉里翻出一个胶棒，往桌子上一扔，“以后东西一起领！”这位同事有些尴尬，又不好说什么，忙赔笑脸：“你看你，每次找人家报销都叫得那么亲热，怎么我一有点事求你，你的话就变难听了呢。”大家正说笑着呢，销售部的同事冲进来，原来复印机卡纸了。赵小惠脸上立刻晴转多云，不耐烦地挥挥手：“知道了。烦死了！和你说一百遍了，先填保修单。”单子一甩，“填一下，我去看看。”赵小惠边往外走边嘟囔：“维修部的人都死光了，什么事情都找我！”

赵小惠所在的公司每年年末都会选举先进工作者，大家虽然都觉得这种活动老套可笑，但暗地里都希望自己能榜上有名。领导们认为先进非赵小惠莫属，可一看投标，50多张选票，赵小惠只得12张。有同事私下说：“赵小惠是不错，就是嘴巴太没分寸了。”赵小惠自己很委屈：我累死累活的，却没有人体谅，连评个先进也没人选我。

赵小惠的案例说明，在任何地方和场合女人都要注重说话的分寸，有时候沉默也是掷地有声的话语。无论你是探讨学问、接洽生意抑或交际应酬、娱乐消遣，凡是从你口中说出来的每一句话语，都要既有分寸又得体。即使你现在未必能够达到这样至高的境界，但至少朝着这个目标去努力。

俗语道：一言可以兴邦，一言可以乱邦。且不说兴邦还是乱邦，就这句俗话本身而言，足以说明说话要有分寸的重要性了。

如琳的一位男同事新婚不久，随着心情和生活的改变，男同事人渐渐富态起来，和婚前有了很大的差别。一天，如琳和几个同事在一起聊天，如琳突然对新婚的男同事说："你怎么搞的，胖成这个样子！"大家听了笑了起来。

谁知，男同事马上变了脸色，一句话不说。等其他女同事走后，他才爆发，大声指责如琳说话恶毒，场面一瞬间变得很尴尬，导致在以后的工作中也和如琳没有任何来往。

须知，再豁达随和的人也有自尊心，你若搞不清楚他的好恶，说话没分寸，他就算不发作，也会记在心里。人不可能完全了解另一个人，这一点必须承认，在说话时也要特别注意。

说话有分寸还包括在谈话中学会看他人脸色，你看看别人希望说什么，你能不能够说出最合适、最有分寸的话，还需要自己有心理准备，你必须做一个了解对方的女人。其实朋友之间永远是有尊敬有顾忌的，不仅仅是朋友，还包括亲人、夫妻、父子之间都应有所顾忌。每个人都有自己生命中的荣耀与伤痛，真正的说话艺术是不断地放大他的自豪，而不去触及他的伤口，这就需要把握谈话的分寸，也需要你识眼色，知道他喜欢什么，不喜欢什么，这不同于投其所好和拍马屁，而是你能否给朋友一个宽容友好的氛围，继续沟通下去。

凡事纸上谈兵是行不通的，还需要在实践中历练、积累。这就需要女人把握好"度"，把握好"分寸"，当成日后的事业去看待。

女人话不说满是才智

中国有句俗话："说话做事留一线，今后好见面。"即不要把事情做绝，不要把话说得不留余地，正所谓凡事留三分，一路有人跟。这犹如行走在独木桥上，你倘若不给别人留一定的余地，那被挤下水的有可能就是你。女人说话亦是如此，要留一定的空间让别人，没有空间，你自己便失去了回旋的余地，没有回旋的余地，你的思维就会被缚住从而一事无成，说话留余地是为了使自己更好地发挥。

女人说话要善留余地，要学会统揽全局，从大处着眼，小处着手，在细节上要做到精益求精，尽善尽美，拥有"忍一时风平浪静，让三分海阔天空"的风度和气量，不要把话说绝，免得把对方也把自己逼进"死胡同"。

说话留余地，首先，要给自己留有余地，比如对于没把握的事情可以说"我试试看吧"或"我尽量帮你"，不要说"包在我身上""一定能办妥"。这样你如果尽力了但是又没办好，你自己也有退路。其次，要学会给别人留有余地：比如有人约你，你不想去，可以说"哎呀，真对不起，我有事"或"等以后有机会吧"，不要说"我不想去"或"不行"。可能你未必有事，但是你留有余地的拒绝，撒个善意的谎言，可以让对方免于难堪，给对方一个台阶下。否则，既得罪了人，也害了自己。

有一次，李敏向王红借钱，但王红知道李敏借钱不是为了办正事，便不想借给她。王红说："真对不住，我最近手头也紧。要不这样吧，我去和我丈夫商量一下，看他能不能借点钱给我。"李敏听到这话当然觉得不好意思，就赶紧说："不用了，不用了，那怎么好意思呢，我到别处想办法吧。"王红的话就留有余地，既让李敏下了台，而自己的意图也得以实现了。

女人说话留有余地是一种善意的说话方式，不等同于圆滑世故、虚伪狡猾之类。因为把话说得不留余地而使自己陷入窘境的例子，在现实中比

比皆是。这样做的结果，就如把水杯里装满了水，再也不能滴进一滴水，否则就会溢出来一样；亦如把气球充满了气，再继续充就会爆炸一样。

由此看来，在现实生活中，女人应该学会说话留余地，不把话说满、把人逼上绝路，因为凡事总有意外，留有余地，就是为了容纳这些意外，以免自己将来下不了台。

张娟是列车上的产品推销员，她这次推销的是一种新产品——螺旋状的袜子。为了表明这种袜子的透气性好，张娟随手拿起一只袜子，对乘客们说："来帮帮忙，抓住袜子一端，使劲儿拉。"说着，她就和一位乘客对拉起来，袜子的韧性的确很好。

接着，张娟又随手拿起一根长长的针，在袜子上来回划动，袜子也没有损伤，说："看一看，这种袜子不易抽丝。"紧接着她又拿起打火机，在袜子下面晃动，而袜子也丝毫未受损。

在张娟一番介绍之后，袜子在乘客手中传看。一位乘客有意地拿起针，只是一划袜子就破了一个洞，原来顺着纹理划不易划破，并不是划不破。另一位顾客要打火机烧，急得张娟赶忙补充说："袜子并不是烧不着，我只是证明它的透气性好。"大家终于明白是怎么回事了，自然没有乘客再买袜子了。

张娟的推销经历告诉所有女人，在谈话时，尽管是张娟绝对有把握的事，也不要把话说得过于绝对，不留余地，这样容易引起他人的挑刺。与其给别人一个挑刺的借口，不如把话说得委婉一点。同时，如果张娟不把话说得绝对，还可以为自己赢得更为广阔的空间与对方交流。

有时候你即使与人交恶，也不要口出恶言，更不要说出"情断义绝"、"势不两立"之类过激的话，不管谁对谁错，说话都最好留有余地，以便他日狭路相逢还有个说话的"面子"。女人说话多给他人留余地，不仅仅是为对方考虑、对对方有益，更是为自己考虑、对自己有益。

有道是："三十年河东，三十年河西。"在突飞猛进的当今时代，人际关系根本无须"三十年"便实现了快速发展，人们之间更是"低头不见抬头见"。女人交际时如果把话说得太满，将来若发生了不利于自己的变化，就难有回旋的余地了。

总之，世间事恰如白云苍狗，变化良多，没有定数，未来更是不可预测，所以不要一下子把话说绝了，把路堵死了，不留余地，否则对自己百害而无一利。

女人怎么和他人开玩笑

在社交活动中，有些女性经常因为开玩笑而闹的不欢而散。这主要是因为玩笑开得过了头，或者开错了对象。任何事情都有一个度，在度的范围内，相安无事；一旦超出了度，事情就可能发生改变。开玩笑也是如此，分寸把握不好，玩笑就会伤害别人。

某公司的销售部，有个叫张健的销售员，由于曾经长过很多青春痘，致使满脸都是疤痕。一天，一个职员贼兮兮地跟另一个职员说："嘿，看这张图片，你猜是谁？"

众人围过来一看，原来是一个橘子皮。

"你拿张健的照片干吗？"其中一个人喊道。

大家爆笑，于是"橘子皮先生"就成了张健公开的绰号。

张健本人感到十分委屈，且恼火万分，从此对开玩笑的同事心存芥蒂。

做一个幽默的人固然很好，但在运用幽默时，要注意避免陷入各种各样的误区。如果乱开玩笑，就会令人觉得轻浮，产生负面效应。如果因为一个不恰当的玩笑而破坏了良好的人际关系，也就等于在自己面前筑了一堵墙，断了一条路。

开玩笑的确可以拉近人与人间的距离，缓和人际关系，是人际交往的润滑剂，玩笑开得恰当、得体、幽默、风趣，会为周围的人带来欢愉。但

如果玩笑开得过分，就会破坏人际关系。可见，开玩笑也要把握尺度，讲究对象、语言和方法。

当然，不要因为怕开玩笑而得罪人，就不与别人开玩笑，整天一本正经的，这样做没有太大的必要，因为别人会认为你是一个木讷的人。所以，生活中与人开玩笑是必不可少的，但在开玩笑时应该加以注意。

1. 开玩笑勿以讥刺他人为乐事

苛刻的玩笑很容易使他人受到伤害，陷于焦虑之中。通常，讥讽、攻击、责怪他人的玩笑，虽然能引人发笑，但是它却常常造成意想不到的后果，使本应欢乐的场面变得十分难堪。

2. 涉及他人隐私

开玩笑常常会无意中涉及对方生活、工作上的隐私，如此时恰逢对方的恋人、亲人尤其是上级在场，很容易造成言者无心，听者有意，坏了对方的“好事”的后果。

3. 揭他人短处

将对方生理缺陷、生活污点等短处当作笑料一一揭穿，会严重伤害对方的自尊心。

另外，并不是所有人都愿意别人跟自己开玩笑。每个人的习惯和性格都不一样，有些人习惯于同别人开玩笑，有些人则对任何玩笑都反感。最好不要在长辈、上司面前开玩笑。长辈和上司在下属面前大多愿意保持严肃，希望晚辈和下属对自己尊重。他们往往会把下属的玩笑看作对自己权威的嬉戏和轻慢。所以，谨记在长辈、上司面前保持庄重，避免随意开玩笑。

聪明女人不把话说“绝”

聪明的女人与人交往时，总会根据实际情况，来把握说话的分寸。一个谈吐优雅的女人懂得无论何时，千万别把话说绝，凡事都得保留足够的余地。讲话留有余地，收放自如，让自己立于不败之地，才是一个聪明女人的明智之举，也是其语言魅力的具体体现。一个聪明的女人，在人际交往中会给自己留条退路，这也是女人懂得说话艺术的关键。相反，那些总是把话说绝的女人，一旦出现意外情况，只能使自己陷入难堪。

陈玲是公司市场部的一个小组长，工作也挺认真负责，可是她有一个毛病就是说话不留余地。上季度，她所带领的小组在业绩上遥遥领先，全组人都特别高兴。

前几天公司接手一个新项目，难度比较大，领导决定把这个项目交给公司两个能力比较强的组长陈玲和江磊中的一人负责，并且问道：“这个项目很重要，关系到公司未来的发展，让你做这个项目有什么问题吗？”陈玲一口回道：“放心吧，这事交给我保证没有问题。”领导听了她的话，接着说道：“要是到时候没有完成任务呢？”“要是完不成任务的话，我主动从公司辞职。”领导听了她的话，没说什么，转过头问江磊。江磊把项目认真地看了看说：“我以前对这类项目接触得很少，具体还得看操作过程，现在不能一口肯定就一定会成功。但是如果你肯相信我，让我负责这个项目的话，我一定会尽自己最大的努力完成任务。”

面对两种不同的回答，领导心中自然有了答案。

生活中，像陈玲这样的人还有很多，她们总觉得凭自己的能力能完成任务。可谁能料到中间会不会出现意外情况，把话说得太绝对，反而让人无法相信。相对来说，江磊的话说得就比较谨慎，他先是分析了自身的情况，然后根据实际情况向领导作出说明，不把话说绝，让领导感觉自己很诚恳，也给自己留有回旋的余地。可是，生活中有些女人，她们只想承担

别人不敢承担的事情，为了让领导发现自己过人的胆量。谁料想到头来，却让自己无法下台。聪明的女人深知凡事总有意外，说话的时候一定要给自己留条退路。

当今这个社会复杂多变，女性朋友要深知凡事都可能出现意外，要么成功，要么失败的逻辑已经站不住脚了，说话要注意拿捏好分寸，不把话说绝，才能让自己进退自如。对于他人的询问，少一些肯定的语气，多一些缓和的语气，更有利于工作的开展。那么，怎样做才是不把话说绝呢？

首先，在思想上把事情失败的一面考虑进去。

一个聪明的女人，在作任何决定之前都会把利害关系考虑清楚，然后给予他人答复。聪明的女人懂得即使胜券在握，也不能满口应承，而是事先给自己找好台阶，以防意外情况的发生。只有那些自以为是的女人，才会做事不顾后果，只图眼前一时，这样的做法，有可能会给自己带来很多麻烦。

其次，措辞要恰当。

一个懂得说话技巧的女人，在受他人请托时，会以“我尽量、我试试看，我认为”等字眼当作答复，而不是给你“我保证”之类的肯定答复。这样可以给自己的失败留有借口。

世事难料，只有先给自己留点余地，才是一个聪明女人的明智之举。一个有修养的女人，总会恰如其分地表达自己的意思，不会过于肯定，也不会给他人留下没能力的印象。说话留有余地，是一个有修养的女人所必备的一项社交技能。

适可而止，有理也要让三分

“得理不让人，无理搅三分”，这是普通人常犯的毛病。其实世界上的理又怎能被某个人占尽？俗语说：“饶人不是痴汉，痴汉不会饶人。”这句话告诉我们，无论做事还是说话，都应当“得饶人处且饶人”。

当对方无理，自知理亏时，你的“理”明显多过对方，不妨给他留一点余地。得理也让人，更能体现出一个人的气量与水平，给对手或敌人一个台阶下，往往能赢得对手或敌人的真心尊重。

“小姐！你过来！你过来！”顾客高声喊，指着面前的杯子，气愤地说，“看看！你们的牛奶是坏的，把我一杯红茶都糟蹋了！”

“真对不起！”服务员小姐赔礼道：“我立刻给您换一杯。”

新红茶很快就准备好了，碟边跟前一杯一样，放着新鲜的柠檬和牛乳。小姐轻轻放在顾客面前，又轻声地说：“我是不是能建议您，如果放柠檬，就不要加牛奶，因为有时候柠檬酸会造成牛奶结块。”

顾客听后，脸一下子红了，匆匆喝完茶，离开了。

有人笑问服务员小姐：“明明是他自己的问题，你为什么不直说呢？他那么粗鲁地叫你，你为什么不还他一点颜色呢？”

“正因为他粗鲁，所以我要用婉转的方式对待；正因为道理一说就明白，所以用不着大声！”小姐说，“理不直的人，常用气势来压人。理直的人，要用和气来交朋友！”

案例中的服务员小姐，有理让三分，不仅赢得了顾客，更提升她的公众形象和社会地位。

我们说有理走遍天下，并不是说有了理就不依不饶。在得势的情况下饶人，矛盾会立刻得以缓解。你越是有理，越表现得谦卑，往往越能体现出一个人的胸襟之坦荡、修养之深厚。

英国前首相丘吉尔，有一次骑着一辆自行车在路上闲逛。这时，有一位女士骑着自行车从另一个方向急驶而来，她由于没有刹住车，竟与丘吉尔撞到了一起。

“你这个糟老头没长眼睛吗？你到底会不会骑车？”这位女士恶人先告状似的破口大骂。丘吉尔对那位女士的恶言恶语并不介意，只是不断地向对方道歉：“对不起！对不起！我还不太会骑车。看来你已经学会很久了，不是吗？”

这位女士的气立刻消了一半，再仔细一看，他竟然是国家的首相，她羞愧难当，喃喃地说道：“不……不……您知道吗，我是半分钟之前才学会的……”

从这个故事中我们可以看到丘吉尔的胸怀和气度。在人际交往中，得理也要饶人，只有这样，才会受到别人的尊敬。

“有理让三分、得理也饶人”是避免斗争的极好方法，对个人也具有一定价值。

首先，得理不让人，让对方走投无路，有可能激起对方“求生”的意志。既然是“求生”，就有可能 “不择手段”，这将对你造成伤害。其次，对方“无理”，自知理亏，你在“理”字已明之下，放他一条生路，他会心存感激，来日自当图报。就算不会如此，也不太可能再度与你为敌。

还有一点是，人海茫茫，却常“后会有期”。你今天得理让人，哪知他日你们不会狭路相逢？若届时他势强你势弱，你就有可能吃亏！“得理让人”，这也是为自己以后做人留条后路。

大部分人一旦陷入争斗的旋涡，便不由自主地焦躁起来，有时为了自己的利益，甚至为了面子，也要强词夺理，一争高下。一旦自己得了“理”，便绝不饶人，非逼得对方鸣金收兵或自认倒霉不可。然而这次“得理不饶人”虽然让你吹着胜利的号角，但也成了下次争斗的前奏。因为这对“战败”的对方也是一种面子和利益之争，他当然要伺机“讨”还。

将心比心，才能做到宽以待人，推己及人。推己及人，是以自己为标尺，衡量自己的行为举止能否为人所接受，其依据是人同此心，心同此理，将心比心，设身处地。还可以用角色互换的方法，假设自己站在对方的位置上，想一想对方会有什么反应、感觉，从而理解他人，体谅他人。若懂得了这一点，当别人理短时就会大度地宽容他人，他人才会在你理短时容让你，以此建立相互宽容的人脉关系网。

下篇
不同场合都能舌绽莲花

第9章　时尚名媛，巧舌如簧赢得好人缘

语言是思想的外壳，是人际沟通的桥梁。女人要想获得交际的成功，不仅仅要靠能力和宽泛的人脉，更要掌握一些交际技巧和交际语言。女人只要掌握了这些技巧，熟知这些交际门道，就可以轻松地掌控人际交往中的主动权，从而获得交际活动的成功。只有这样，女人才能在社交场上站得更稳，走得更远。

初次见面，话说到留下好印象

交往在女人的职场生涯中占有重要的地位，说话时给人留下好印象，会受到别人的喜爱。职场中的女人，初次见面，给人留下好印象，会让别人对你的满意度加分，为自己的职场人生添彩。相反如果不注意自己的言行举止，说话粗鲁无礼，只能引起别人的反感。做一个巧舌如簧的时尚名媛，是每一个职场女人的心愿。惟其如此，才能赢得好人缘。女人与人交往，话不在多，说到即可。言语过多，没有头绪，就容易让人似懂非懂，不知所云，很难给人留下好印象。睿智的女人，与人初次见面，说话得体，人们乐于与其交往。

生活和工作中，人们不只看重女人的外表，更看重女人的言行，并且

往往根据女人的第一印象来评价她。第一印象的好坏，决定了女人在职场中的人际关系和发展前景。如果女人与人初次见面，不注意自己的言行，说话方式不得当，就难以给人留下好印象，更不会赢得别人的喜爱。没有哪个女人愿意在别人厌恶的目光中生活、工作，那样无异于自毁前程。给人留下良好的印象，在第一时间打动对方，吸引对方主动接近你，乐意与你交往，无论是生活中还是工作中，这都会成为女人强有力的后盾。如果女人与人初次见面，说话粗鲁，不堪入耳，对方就会避而远之。这明显不利于职场女人事业的发展。因此，职场女人与人交往时，要重视第一印象，要尽量给对方留下好印象。即使女人与人初次见面时，有失礼仪，只要意识到这些并能及时补救，也会赢得对方的谅解，不至于使自己的良好印象大打折扣。

然而，在职场中，不重视自己给人印象好坏的女人不乏其数。这样的女人，在初次见面时已经给人留下了不好的印象，这个印象会长时间地存在于别人的脑海里，不利于女人在职场中的发展。当然，我们见到的这种女人，在职场中往往表现平平，做起事来也虎头蛇尾，不会引起别人多大的注意。为了在职场中能够更好地发展，女人一定要注意自己的言行，初次与人见面，要面带微笑，彬彬有礼，尊重对方，这样，才会拥有更多的人脉，取得长足发展。

小王在一家公司做销售，虽然工作了三年，但是与人谈起业绩时，却常常难以启齿。原来，她的业绩经常位于人后。她也进行过反思，但始终没有找到原因。看到其他同事都在忙各自的工作，小王又焦急又无奈。公司的一位主管根据客户反馈的信息，找到了小王业绩不高的原因，就找她谈话，暗示她与人交往时要注意自己的言行。

听了主管的建议，小王心里顿时明朗起来。拜访新客户时，小王精心选择了适合谈判的场所，并且准备了详细的资料和合同，在约定地点事先等候。新客户到来时，小王一改以前单刀直入的谈话方式，而是从新客户的角度出发，处处为新客户考虑，在闲聊式的谈话中让那个新客户感受到温暖、关怀。新客户对她的产品介绍很有好感，并表示愿意购买她销售的

产品。小王趁机取出合同放在他的面前，新客户很爽快地签了字。

令小王没有想到的是，十几天后，她又签下了许多新的订单，并且都是那个新客户介绍的。这让小王再次意识到初次见面的重要性。此后，每次与人见面前，小王都会精心准备，从言行和着装上严格要求自己，力求给客户留下好印象。不久，在公司的业绩考核中，小王的业绩稳步上升，赢得了公司的销售奖。

职场女人与人初次见面，说话有分寸，举止要端庄，做事有条理，这样就能给人留下好印象，对于自己的职场发展大有裨益。如果初次见面就给人留下了不好的印象，在以后的工作中，就会步履维艰。事例中的小王，虽然工作了三年了，但一直业绩平平，在得知了自己职场失败的原因后，她及时改变了自己，在与客户交谈时，说话得体，举止端庄。客户渐渐对她产生了好感，并主动为她介绍新客户，小王的业绩逐日攀升。

职场中的聪明女人，不会仅仅凭借外在的着装吸引别人。在与他人交往时，她会时刻注意自己的言行举止，谈话方式，力求给他人留下好印象。每个职场人士都喜欢这样的女人。如果女人矫揉造作，话语不周，不重视留给他人的第一印象，即使穿着时尚，也会讨人厌烦。为了长远发展，女人要充分发挥自己阴柔的一面，与人初次见面时，表现要得体，让对方对你产生好感，有了良好的开端，女人的职场生涯才能步步辉煌。

倾听是打动人心的最好语言

职场中，每个人似乎都在忙着自己的事情，而当事情烦琐，压力过大，焦急无奈时，心里的苦恼向谁诉说？此时，聪明的职场女人就会出现在人们面前，她会展现女人的职场风采，她会细心倾听别人的心声，分担别人的忧愁，调节职场气氛，缓解心理压力。倾听是打动人心的最好语言。善于倾听的职场女人最能理解别人的心思，她会在倾听中与别人进行沟通，了解别人的心理需求，从而为他人解忧排难。学会倾听，是职场女人的一种责任，一种积极上进的追求。把倾听当作事业的开端，职场女人就有更多的机会与同事进行沟通，产生共鸣。善于倾听，是职场女人事业的良好开端，是职场女人维系人际关系的绝妙方式。

然而，我们经常发现，在职场中，很多女人喜欢侃侃而谈，似乎这是表现自己的最好方式，殊不知，当她滔滔不绝地向人炫耀自己的口才时，却是别人感觉最冷淡的时候。因为此时，别人也有满腹的话要说，正苦于没有倾听者。如果女人这时话语太多，未免显得啰唆，就会令人厌烦。在职场中做一个忠诚的倾听者，就能赢得别人的信任，打动人心。无论是快乐还是悲伤，别人都愿意向你诉说。与别人共同分享快乐和烦恼，适时地给出建议，女人就会成为对方心目中的朋友。即使对方是经常与自己作对的人，只要女人用心倾听，也不会激怒对方，甚至会化敌为友，实现友好交往。

职场中的成功女人，大多是喜欢倾听的人。通过倾听，女人可以获得更多的信息，可以让说话的人体会到更多的关爱和理解，女人才有机会表达自己。在职场中只顾自己的感受，企图通过自己的诉说让别人了解自己，关爱自己，则无异于缘木求鱼，纯粹是空想妄想，甚至还会被别人视为不正常。学会倾听，女人就能了解到更多的信息。如果女人只顾开口说话，就很少有机会了解别人，更不会与别人倾心交流。要想在职场中求得长足发展，女人就要善于倾听别人的心思，了解别人的所需，帮助别人解决困难。倾听是打动人心最好的语言。能够细心倾听，就能感化别人，即使心肠如磐石的人，也会变得柔弱如水，甘心向你倾吐心声。善于倾听的女人，在职场中会获得更多的有益的信息，拥有广泛的良好的人际关系。

秦婧所在的公司事务繁忙，员工整天忙于工作，十分疲惫，公司氛围有些沉闷，作为公司部门的领导，秦婧虽然心里也有很多苦处无处诉说，但是她一心想改变这种状况。要想了解员工的真实想法，让员工说出心里话，最好的办法就是倾听他们的心声。因此，秦婧想方设法接近员工，以取得他们的信任和好感。

平日与秦婧交流不多的员工，看到秦婧和他们说话时态度和气，并不像想象中那么威严，渐渐地，就对她产生了好感，不再有所顾忌，把自己在工作和生活中遇到的一些困惑说给她听。秦婧了解了员工的想法后，得知公司在管理方面存在一些问题，听到了员工一些合理化的建议。

秦婧采取了员工的建议，在人才配置和公司部门管理方面进行了改革，经过了一系列调整后，工作气氛得到了明显改善，员工的工作积极性也有了很大提高。随着秦婧和员工之间信任和情谊的不断增加，员工也渐渐了解了秦婧，理解了她工作中的难处，在工作中与她通力配合，取得了良好的效果。

倾听能够打动人心。善于倾听别人心声的人，才能够了解别人的心思。在与他人的交往中，用心倾听，才能更好地与人沟通交流。在不同的场合，不同的地点，用心倾听，心里就会有感知，就会甘心为别人提供所需。案例中的秦婧在发现部门员工人心涣散的情况下，认真倾听员工的心声，及时解决了工作中存在的一些问题，取得了员工的信任，让员工看到了希望，工作的热情又重新爆发。

不会倾听的女人，凡事先考虑自己，不管别人是否愿意接受自己，只顾喋喋不休，这样不知不觉中就会引起别人的反感。善于用心倾听的女人，会多方面关心体贴别人，鼓励别人说出心中的烦恼和苦闷，进而帮助他们走出困境。职场中，喜欢倾听的女人，才会获得真情，获得别人的感激，帮助别人走出困境的同时，自己也能更好地提升，拥有更加广阔美好的职业前景。

换位思考，做好谈话前的准备

有些职场女人，在与人交往时，往往不考虑对方的感受，自说自话，这样的女人，其交往常常以失败告终。职场女人在与人交流时，如果能站在对方的立场上考虑事情，就会赢得对方的感激。相反，一味自顾言说，不管对方的所思所想，谈话就很难进行下去。懂得替对方考虑，能够进行换位思考，职场女人就会拥有更融洽的人际关系。因此，职场女人在与人交往时，要学会换位思考，这样才能立于不败之地。

懂得换位思考的女人，心怀慈善、爱心，在职场中容易受追捧。若想在职场自由驰骋，女人就应该考虑对方的感受，让对方明白自己的良苦用心。在职场中只顾自己说话的女人，不会有太多的听众，谈话也不会成功。因此，在职场中，多站在对方的立场上考虑问题，多些宽容与微笑，与人相处就会融洽许多。必要的时候，还要学会自我换位，平淡心境，在思想和心理上战胜自己。

小新在公司企划部供职，凭着聪明的头脑和高超的策划技巧，她在公司有了一席之地。根据公司以往的惯例，公司着重于对年轻人的培养，小新也是其中之一。在众多的员工中，公司领导很看重小新，公司有什么重大活动都会让小新参与。参加的活动多了，小新的策划能力和交际能力渐渐有了提高。但是，令人遗憾的是，小新考虑问题，经常从自己的本意出发，很少进行换位思考，这让她在以后的工作中出现了不可避免的失误。

年底，公司要召开年会，筹备工作交由小新负责。由于各分部的人要从各地赶来，虽然小新已经提前对他们进行了安排，但是当各分部的领导赶到时，对于小新的安排却不十分满意。其中一个分部领导和小新说话时，语气十分强硬，说自己事先没有接到通知，不能在年会上发言。这让踌躇满志的小新非常委屈，她只顾与那位分部领导辩解，说自己拟定的通知已经下发，无法改变，完全没有顾及那位领导的感受。

没过多久，小新就被调到了另一个部门。虽然小新极不情愿，但是她无力改变现状。灰心至极的小新这才意识到，自己在与那位分部领导争辩时，没有站在他的立场考虑问题，若当时换位思考一下，能为其考虑周全，及时为其排忧解难，就不至于被调离自己所喜爱的工作岗位。

学会换位思考，是女人职场制胜的法宝。站在对方的立场考虑事情，

体谅对方的难处，能够很快赢得对方的好感。如果只考虑自己的感受，并不利于自己工作的开展，反而会毁掉自己的前程。案例中的小新，就是因为犯了职场大忌，因此失去了自己喜爱的工作。

睿智的职场女人，在与人交流沟通时，学会换位思考，就能够拥有良好的人际关系，得到较高的礼遇。只顾自己感受的职场女人，不能体谅对方，更不会为对方排忧解难，她的人际关系难以和谐，难以得到别人的尊敬和爱戴。因此，要想在职场中有所发展，不被人际关系所累，得到别人的礼遇，职场女人就要学会换位思考，体谅对方，拓展人脉，这样女人的职场生涯才会越走越顺畅。

女人说话要符合身份

职场女人的言行举止，体现着女人的品德。温柔的话语，优雅的举止，是每个职场女人必备的。女人说话符合身份，留给他人的印象深刻，让人感受到她自然的美丽。女人说话不注意场合，滔滔不绝或者虚张声势，即使再贤淑漂亮，她的职场生涯也不会长久。说话不分场合，不注意自己的身份，很有可能冒犯对方。职场女人在说话时或许并没有意识到自己的言语会冲撞对方，但如果遇到的正好是自己的上司，职场女人就难以逃脱悲惨的命运。

职场中，女人说话不注意分寸，不符合自己的身份，就会先声夺人，喧宾夺主。喜欢出风头，占尽人前风采的女人，表面看着光鲜，其实最不讨人喜欢，尤其是不顾及上司的面子，在上司面前逞强顶撞的女人，最容易惹恼上司，引火上身。女人在工作中，要时刻注意自己的言行，说话符合自己的身份，就会给人留下好印象，进而会有更多的人愿意接近你。这样的女人，往往是同事和上司喜爱的美丽女人。

职场中女人的话语温柔、体贴、得体，符合自己的身份，就能够受到同事和上司的喜爱。身处职场，女人要想展现自己的才能，就要清楚自己的身份。唯有如此，女人才能够拥有良好的人际关系。善于言辞的女人，会时刻注意维持自己的尊严。在上司面前不张狂，在同事面前保持谦卑。常说符合自己身份的言语，有利于女人在职场中树立良好的形象。这无论对于公司的发展，还是女人个人的前途，都起着至关重要的作用。说话符合身份的女人，才能在职场自由驰骋，散发出无穷的魅力。这样的女人，堪称职场中的魅力女人。

水云在一家公司任主管，由于出色的工作能力，公司付给她丰厚的薪资。水云对于自己的职业现状非常满意，心生一种傲慢，与人说话时不由自主地表现出居高临下、目空一切。但是，她很快因此受到了惩罚。

在处理公司事务时，她遇到了一件棘手的事情。公司新来的员工茜茜没有完成销售任务。按照公司的规定，茜茜将被辞退。但是，当茜茜来到水云办公室时，水云那种傲慢浮现在脸上。她疾言厉色地指责茜茜工作时的散漫和不上进，受到指责的茜茜非常愤怒。她想，自己刚刚参加工作，虽然业绩不是太好，被辞退已很不幸，再遭受主管水云的厉声斥责，茜茜感觉非常委屈。

然而，令水云没想到的是，第二天，公司召开了秘密会议，通知水云离职。水云百思不得其解，之后得知，辞退茜茜那天她说的话，被传到了上司耳中，上司对她极为不满。虽然水云有着较强的工作能力，但是上司对她待人的态度却持有异议，认为水云对待下属极为无礼，那种横加指责的工作态度不是一个主管应该具有的。

与人说话顾及对方的面子，即使别人犯了错误，也要耐心地指出。明智优雅的女人，虽然身居高职，也会维护别人的自尊，在与人说话时谦虚谨慎，言语符合自己的身份，从而不失自己在职场中的礼仪和尊严。案例中的水云，对下属傲慢无礼的态度和不符合身份的话语，引起了上司强烈的不满，最终受到了公司的惩罚。

职场中的女人，与人交往，只有话语得当，注重礼仪，符合自己的身份，才会赢得别人的喜爱。居功自傲的职场女人，如果不注意自己的形象，说话不符合自己的身份，即使身着华丽的服饰，在别人心目中的形象也会大打折扣。因此，职场中的女人，与人沟通交流时，时刻考虑自己的身份，说话得体，就会彰显女人的自然美，受到同事的喜爱，上司的欣赏。

温润言谈，和气谈话

能够在职场中获得好人缘的女人，大多说话和气，温婉可亲。会说话的女人，在职场中常会得到别人的夸奖、赞叹，从而拥有更多更广的人脉。职场中说话恶声恶气的女人，没有人愿意接近她，与她攀谈。女人要想在职场中获得好人缘，就要对别人感兴趣，一个对别人不感兴趣的女人，即使想与人沟通，也会令人感到言词索然寡味。女人要想令人对自己产生好感，就要对别人感兴趣。女人在与别人交流时，投其所好，说话和气，用甜言蜜语温暖别人的心房，就能够保持一团和气。

职场中的女人，说话和气，言谈亲切，会受到同事和上司的喜爱。交际中，女人温润的言谈，就像涓涓细流，滋润了对方的心田，使对方感受到美好。相反，不注意倾听对象，不注意自己的言行举止，说话不懂得技巧，蛮横无理的女人，必会遭到别人的唾弃，难以在职场中立足。因此，职场女人在与人交谈时，首先要注意与之交流的对象，注意说话的方式和节奏，洞察别人的心理、思想，做到知己知彼，百战不殆。只有投其所好，迎合对方的兴趣，才能避免出现尴尬的局面。如果面对的是强大的群体，职场女人更应该注意说话的方式，要根据不同的场合、不同的人群进行交谈，以吸引听众。

性格温顺，和气可亲的女人，在职场中能够以柔克刚，化解纠葛，赢

得别人的尊重。在职场中，如果女人说话难以入耳，无异于火上浇油，只会使原本简单的事情变得更为复杂。在职场中，这样的女人不会得宠，同事和上司也唯恐避之不及。温润优雅的女人在与人交往时，会充分发挥女人的优势，吸引对方，从而拓展更多的人脉资源。在职场中，说话和气，言谈可亲的女人就像柔嫩的花朵，在人群中绽放着芳姿，吐露着芬芳，给人一种优雅从容的韵味。

张芝芝在一家公司做助理，她的主要工作内容就是协调各部门之间的关系，以保证公司各部门工作的正常开展。虽然工作时间不长，但张芝芝和气温柔的话语却赢得了许多人的尊重。当公司的气氛紧张时，张芝芝温柔的话语就如空气清新剂，净化了同事的心灵。看到张芝芝青春靓丽的面庞，听到张芝芝温柔动听的话语，每个同事都会觉得是一种享受。

平时，公司各部门之间的工作十分繁忙，环环相扣，难免出现矛盾，员工之间更是如此。如果处理不好这些矛盾，公司的人际关系就会日趋紧张，从而不利于公司的长远发展。

一次，公司员工李伟与企划部的孙玉闹起了矛盾，二人吵得不可开交，剑拔弩张。这时，张芝芝赶到了二人面前，李伟和孙玉看到张芝芝从天而降，心里的怒气消了一半。张芝芝因势利导，柔和的话语、甜美的声音很快浇灭了二人心头的怒火，张芝芝又晓明利害，让二人明白团结协力对于个人职业和公司发展的重要性。二人很快重归于好。

温柔的话语，能化干戈为玉帛，恶语恶言却会招来祸患。职场中，女人如能说话和气，就会赢得好人缘，这有利于女人在职场中的长远发展。言辞激烈、态度强势的女人，只能让人退避三舍。案例中的张芝芝，就是用自己温柔的话语化解了同事之间的矛盾，缓解了他们之间的紧张关系。

温柔体贴的话语可以滋润别人的心房，恶毒难听的话却会加重火气。职场中，女人多一句良言，少一句恶语，就能够起到无坚不摧的作用，人缘就会越来越好，职场关系就会愈加和谐。职场女人的美丽，不仅体现在外表，温暖和气的话语更能给人留下深刻的印象，促进人际关系的发展。把话说得恰到好处，语气柔和，表达得体，谈话就能愉快地进行下去。身在职场的女人，懂得如何与人相处。她会用女性的温柔，赢得别人的好感，拓展自己的人脉，使自己在复杂的职场中崭露头角。

投其所好，适时迎合对方的兴趣

聪颖的女人，在职场中能够巧妙地运用自己的智慧，左右逢源，八面玲珑。对于和自己性格迥异，无共同语言的同事，她也能投其所好，适时迎合对方的兴趣，从而使人际关系更和谐，工作更顺利，合作更愉快。如果女人在职场中只顾自己的感受，而不考虑对方的所需、所求，其表现难免太自私。自私自利的女人，很少有人愿意接近她，与她倾心交谈，更不会与她进行紧密合作。职场女人要想拥有更多的朋友，或获得更多同事的帮助和合作，就要了解对方的所需和爱好，适时地迎合对方的兴趣，从而为自己的职场生涯奠定牢固的基础。

投其所好，适时地迎合对方，是职场女人关心他人，拓展人脉的重要途径。了解对方的兴趣，投其所好，对方就会对你心存感激。眼观六路、耳听八方的职场女人，如能利用自己的空闲时间与所交往的人一块喝杯咖啡，听听音乐，交换彼此的心事，了解对方的兴趣，不失时机地迎合对方，让对方感受到自己的真诚，她的朋友就会越来越多。

投其所好，并不是每个职场女人都能做到的。如果职场女人对对方一无所知，也不愿意知道对方的兴趣和爱好，这样的交往将很难进行下去。职场女人在和对方交往时，甘心放弃自己的习惯和爱好，迎合对方，对方就会明白其是出于真心与自己交往，从内心深处就会接受她。随着交往的加深，职场女人和对方的友情会越来越深。女人在职场中投其所好，甘于屈尊，其朋友就会越来越多，在处理人际关系时，就能够得心应手，应付自如。

小晴在一家小公司工作，虽然公司规模不大，员工不多，但小晴与同事的相处却十分融洽。随着公司规模的逐渐扩大，公司又招聘了几个毕业大学生。虽然新员工的加入为公司注入了新鲜血液，公司的气氛不再像以前那样沉闷，小晴也欣喜这一变化。但是，新员工小瑞却让小晴非常头疼，一时不知该怎样与其交往。

每天看到小瑞与人畅快地聊天，小晴也想和他成为朋友。然而，通过与其他同事的交谈，小晴逐渐了解了小瑞的个性。在获悉小瑞喜欢旅游后，小晴专门约小瑞周末一起去游玩。对于小晴的初次邀约，小瑞不好意思推迟，就答应了。

二人边游玩边闲聊。渐渐地，对小晴心存芥蒂的小瑞打开了话匣子，和小晴谈工作、谈生活，以及自己遇到的一些事情，对未来的困惑，在小晴的劝慰中他逐渐得以释放。小瑞对小晴的信任逐渐加深，他毫无顾忌地把自己对公司的看法和工作中自己的一些感悟说了出来，并提出了一些合理化的建议，小晴感觉小瑞说得挺有道理，就敞开心扉与其交谈，二人越说越投机，很快成了好朋友。

投其所好，适时迎合对方，职场女人说话要流露出真情，才能感动对方，沟通才能成功。虚伪的言语，喋喋不休的谈话，并不会使对方感兴趣，甚至会使对方产生厌恶。谨慎思考，说些使对方感兴趣的话语，职场女人与对方的交往才能顺利，情谊才会逐渐加深。案例中的小晴，想与公司的新员工交往，在了解到小瑞的爱好之后，于是投其所好，与之相约游玩，在游玩中彼此逐渐了解并成为好朋友。

投其所好，就要了解对方的兴趣和爱好，在不同的场合适时迎合对方，可以博取对方的欢心。当职场女人为对方不辞辛劳，乐此不疲地效力时，对方就会给予相应的回报，两个人就会产生共同语言。无论是从正面还是侧面迎合对方的兴趣，都是行之有效的交往方式。尤其是与陌生人进行交往时，如果不知道对方的爱好和兴趣，不能进行良好的沟通，在工作中就很难合作。但是，投其所好并非溜须拍马。为了在职场中能够长期发展，女人切记要因人而语，恭维别人要恰到好处，否则只会弄巧成拙，给人留下说辞。职场中，女人不要把目光仅仅停留在自己身上，那只是鼠目寸光，要关注说话的对象，了解对方的兴趣，才能产生共同语言，建立较好的人际关系。

让你的每句话都透露出友好

真诚的态度，友好的话语，会使对方心悦诚服，得到别人的欣赏，吸引更多的人与你交往。职场女人如果每句话都能透露出真诚与友好，就能感动对方，进而乐意与你交往。如果女人巧言滑舌，说话虚伪，就容易引起别人的怀疑，别人对女人的信任感也会慢慢消失。不被别人信任的女人，很少有人愿意与其交往，这样的女人是悲哀的。说话讲究分寸，内心真诚，态度友好的女人才能受到别人的欢迎。夸夸其谈或者含混不清，给人留下不好的印象。

内心真诚，态度友好的女人，说话往往注意给对方造成的影响。如果女人态度虚伪，即使费尽口舌，也不会取得什么良好的效果。与对方说话，还要注意说话的对象和说话方式，做到言简意赅，就容易被人接受。虚伪造作，言辞不当的女人，往往恶声恶气，不被人喜爱和接受。在职场中，这类女人往往会因此陷入孤立无援的窘境，难以在职场长期立足。待人说话真诚、开朗、心底无私的女人，能与人建立良好的人际关系，在职场中拥有更多的人脉，工作起来也得心应手。

要想让所说的每句话都透露出真诚与友好，对于职场女人来说，并非易事。每个人都会有快乐和悲伤，快乐的女人对人说话充满真诚和友好；悲伤的女人内心容易激动，往往控制不住自己的情绪，言语不和气，说话不受人喜欢。女人控制好自己的情绪，对人说的每句话才能发自内心，别人才乐意与其交往，把她当作自己的朋友。职场女人，让自己所说的每句话都透露着真诚与友好，为自己营造良好的人际关系，职场之路就会一帆风顺。

刚入职不久的王欢发现公司的发展前景很好，晋升空间很大，虽然王欢对公司的同事还不是很熟悉，但是王欢开心的笑容使同事受到了感染，真诚友好的话语使上司感受到了真诚。渐渐地，同事之间的隔阂减少，团体活动逐渐增多，公司的工作氛围大为改观。

真诚和友好的话语为王欢赢得了更多的人气。与同事倾心的交流使她获得了更多的信息。老员工把自己多年的工作经验传授给王欢。有了这些宝贵的经验，加上专业知识丰富，王欢如虎添翼，很快成为公司的骨干，并被委以重任，负责公司的项目推广。她的真诚和友好的话语感动了客户，获得了客户的赞赏，在极短的时间内，她就积累了客户群，项目越做越大，在同行业中取得了骄人的成绩。

说话发自内心，言语之间流露出真诚与友好，职场女人的人气会越来越旺。让每句话都流露出真诚与友好，职场女人会显示出内在的端庄和秀丽，也会受到别人的尊重。案例中的王欢进入职场，用自己的真诚与友好的话语感动了同事和上司，也为自己赢得了客户群，从而使项目越做越大，为其他从业者树立了榜样。

真诚与友好的话语，发自内心，发自肺腑；虚伪的话语，言不由衷，矫揉造作。要想使自己所说的每句话都透露出真诚和友好，职场女人就要学会控制自己的情绪，无论面对什么样的局面，都能做到心平气和。情绪容易失控的女人，说话时容易激动，难免流露出愤懑不平之气，会使别人避而远之。为了在职场中能够结交到更多的朋友，职场女人要注重礼仪，力求让自己所说的每句话都透露出真诚和友好，从而取得别人的信任，有利于共同合作。

第10章　遭遇尴尬，随机应变化解困境

生活中每个人都可能遭遇尴尬，这时如果不能巧妙地化解，就会让自己处于不自在的气氛中，很难继续开展工作。所以女人掌握一些化解困境的技巧和言辞是非常有用的。如果女人能够学会随机应变，解除自身的各种危机，调节好交际现场的气氛，让周围的人心情愉悦，那自己会得到诸多方便，很快达成自己的目的。

用小技巧摆脱各种语言陷阱

所谓“小花招”，是指深谙因人而异、随机应变的机巧。女人如果在关键时刻不耍点语言小花招，是不能真正地把事情处理好的。职场上的语言陷阱数不胜数，很多人为此要么撒泼，要么沉默，要么失去理智以拳相向，这些都不是解决问题的明智办法。

为了避免语言陷阱被女人遇上，最好常备一些有针对性的小花招。

1. 巧转话锋

职场中，口才再好的人，也不可能每次都成为赢家。语失、口误，这是在职场中常常碰到的，碰到此类情况，最好的办法是以调侃方式巧转话锋。就是对一些看似简单却不易回答的问题以“动脑筋，急转弯”手法进

行似是而非的迂回性的语言应对。

运用巧转话锋术，可以使你从窘态中得以解脱，即使遇到一些难题让你无法作答，你也可以巧换话题，分散和瓦解对方的注意力和攻击力。

作家谌容访美期间，一次应邀到某大学演讲。大学生提出了各种各样的问题，她都坦率答复。当时有人问："听说您至今还不是中共党员，请问您与中国共产党的私人感情如何？"显然，提这样的问题是别有用心的，回答不好会使人处于尴尬的局面。谌容笑了笑，机敏地说，"你的情报很准确，我确实不是中共党员。但是，我的丈夫是个老共产党员，而我们共同生活了几十年，尚未有离婚的迹象，可见，我同中国共产党的感情有多深。"

巧妙而又得体的回答，赢得了一片热烈的掌声。

2. 吹此捧彼

我们曾听到有些人发出类似的感慨：在职场说话不能太绝，说得太绝，没了余地，那是给自己断了后路。说话留点余地，一旦遇到突如其来的情况，要改口也就不那么困难了。当你忘乎所以地只顾自吹自擂时，可别忘了身边随时会有人听了心里不平衡而站出来向你发难。假如你自夸后，再为迎合对方的平衡心理而夸赞他几句，你就容易过关。

3. 左顾言他

职场中难以解决的事会经常碰到，甚至有时候还会令你猝不及防。此时，你明知这是一个陷阱，你该作什么选择呢？要要小花招吧——顾左右而言他。

某公司市场助理韩小姐被老板这样问话："你觉得薪水够用吗？"她不知老板的用意何在，于是一句心里话："我不敢说不够用……"

身处财务公关等特殊部门，老板自然会担心你大手大脚。他看似不经意的一问，却是在"考验"你的理财观。

有些老板喜欢听手下说薪水不够，因为他认为抓住了你的"软肋"，对你施以小恩小惠你就会甘心为他服务。但有的老板则会由此想开去："不对嘛，一个小姑娘，开销这么大？花自己的钱都这样，花公司的钱不更……"

韩小姐事后颇有感触地说："遇到此类事，最好是顾左右而言他。"

4. 以谬制谬

当对方无理挑事时，恰当地找到对方语言的破绽，以其人之道还治其人之身，这种即时的以谬制谬术只要用得贴切合理，就会让人哑口无言。

某城市汽车站候车室，有个男青年将一口痰有意吐在洁白的墙壁上，车站管理员小彭见状，便上前指责说："喂，同志，'请勿随地吐痰'的标语你看到了吗?"那青年道："看到了，但我的痰是吐在墙上，不是吐在地上啊。"小彭说："照你这种说法，那么我有痰就可以吐到你的衣服上了，因为衣服也不是地上啊。"男青年哑口无言。

对于这类人，你和他讲道理显然是徒劳的，要个小花招，借对方的荒谬逻辑来以谬制谬，从而准确而有力地驳倒了对方的诡辩。

将错就错，不怕犯错

"人有失足，马有失蹄"。在交际过程中，无论任何人，都免不了出现言语失误。虽然原因有别，但由此造成的后果却是相似的，或贻笑大方，或纠纷四起，有时甚至不堪收场。人失言了可以用妙语去弥补。只要你掌握了一定的技巧，就可以弥补得天衣无缝。

在一次婚宴上，来宾争着向新人祝福。有一位女士激动地说道："走过了恋爱的季节，就步入了婚姻的漫漫旅途，你们现在就好比一对旧机车……"其实她本想说"新机车"，却一时口误，霎时举座哗然。这对新人的不满更是溢于言表，因为他们是重组家庭，自然以为刚才之语隐含讥讽。那位女士发觉言语出错，连忙住口。她的本意是要将一对新人比作新机车，希望他们能够少些摩擦，多些谅解。但语既出口，若硬改过来，反而不美。她马上镇定下来，不慌不忙地补充了一句："你们现在就好比一对旧机车装上了新的发动机。”此言一出，举座称妙。继而，她又深情地说道：“愿你们以甜美的爱情为润滑油，开足马力，朝着幸福美满的生活飞奔吧！”宴会厅顿时掌声雷动。

交际中，失言是难免的。谁都不想说错话，但一旦错话，又该如何弥补呢？又该如何防止失言呢？曲解词意，将“歪”拉“正”，不失为随机应变的有效技巧。因此，人际交往中要学会巧妙地转移话题和分散别人的注意力。说错了话，要学会巧妙地转移话题，比如用幽默或开玩笑的方式转移目标，把关于人事的纠纷转移到某种事物上，把个人紧张的话题变成轻松的玩笑等。

这就要求应变者在情急之下，从容自若，调整思维。巧妙的回答往往不是就事论事，而是换几个角度，别出心裁，为自己打圆场，但又不偏离问话的限制。在人际交往中，任何女人都有可能出现口误或说出不得体的话。在这种情况下，如果不及时补救，那么就会授人以柄，让对方不快，也会造成尴尬局面，从而把自己的形象和声誉给影响了。但是，一旦发现说错话及时将错就错，借题发挥，把错话说“圆”，则可以轻松地摆脱窘境。

苏联中央电视台的女播音员瓦莲金姆·列昂节耶娃在五六十年代红极一时，享有很高的声誉，这和她在电视播音中善于随机应变、现场发挥分不开。一次主持少儿节目，她还没开口，那只准备给观众看的鹅就叫了起来。这可怎么办？她即兴发挥道：“小朋友们，你们听见了吗？咱们今天请的客人已经等得不耐烦了，那么节目赶快开始吧！”观众笑得前仰后合，唯一没笑的就是坐在摄像机前的列昂节耶娃。

列昂节耶娃有一次向观众介绍一种摔不破的玻璃杯，几次准备试镜都很顺利。不巧，正式播出时竟摔得粉碎。如果她当时目瞪口呆，必然要出洋相。然而，列昂节耶娃镇定地说了句幽默的话，一下子摆脱了窘境。列昂节耶娃说：“看来发明这玻璃杯的人没考虑我的力气。”

谁都免不了发生言语失误，那么，如何采取一定的补救措施或者矫正之术来避免言语失误造成的难堪呢？回答是肯定的。在实践中，遇到失言有三个补救办法可供参考：

1．移植法

就是把错话移植到他人头上。比如：“这是某些人的观点，我认为正确的说法应该是……”这就把已出口的某句错误纠正过来了。对方虽有某种感觉，但却无法认定是你说错了。

2．引申法

迅速将错误言词引开，避免在错中纠缠。就是接着那句话之后说：“然而正确说法应是……”或者说：“我刚才那句话还应作如下补充……”这样就可将错话掩饰。

3．改义法

巧改错误的意义。当意识到自己讲了错话时，干脆重复肯定，将错就错，然后巧妙地改变错话的含义，将明显的错误变成正确的说法。

女人在生活中，总有口误的时候，一旦发生，最重要的就是保持镇定自若，处变不惊，积极地寻找补救方法，降低口误造成的负面影响。

用自嘲营造轻松的交际氛围

自我解嘲，指以自我嘲弄的形式，自贬自抑，堵住别人的嘴巴，摆脱窘境，从而争取主动的一种舌战谋略。自暴其丑显示了一个人的大度和坦诚。勇于暴露自己的问题，揭露自己的短处，这样的人往往被视为可信的人。自嘲术的使用，使女人能轻松、愉快地正视自己的弱点，摆脱困境，增强自信心、自尊心，在论辩中，又可活跃气氛。

幽默的一条重要原则，就是宁可取笑自己，绝不轻易取笑别人。海利·福斯第曾经说过：“笑的金科玉律是，不论你想笑别人什么，先笑自己。”自嘲，也是自知和自信的表现，本身也是一种幽默。矜持的女性不妨放下架子适时采用，定能收到奇效。

1990年，中央电视台邀请台湾影视艺术家凌峰先生参加联欢晚会。当时，许多观众对他还很陌生，可是在他说完那句妙不可言的开场白后，一下子被观众认同并受到了热烈欢迎。

他说："在下凌峰，我和文章不同。虽然我们都获得过'金钟奖'和最佳男歌星称号，但我以长相难看而出名。一般来说，女观众对我的印象不太好，她们认为我是人比黄花瘦，脸比煤炭黑。"这一番话戏而不谑，妙趣横生，令观众捧腹大笑。

这段自我解嘲的开场白，给观众留下了非常坦诚、风趣、幽默的良好印象。不久，在"金话筒"之夜文艺晚会上，只见他满面含笑地对观众说："很高兴见到你们，你们很不幸又见到了我。"观众报以热烈的掌声。至此，凌峰的个人形象迅速提升，凌峰的名字传遍祖国大地。

凌峰使观众由陌生到熟悉，由熟悉到喜欢，很大程度上要归功于他那幽默的开场白。他借助于自己的长相，不惜自嘲，但又自嘲得恰到好处，因此为自己树立了良好的社会形象。

人际交往中，在人前蒙羞，处境尴尬时，用自嘲来摆脱窘境，不但很容易找到台阶，而且多会产生幽默的效果。所以说自我解嘲是一种很高明的脱身手段。一位胖子摔倒了，可以说："如果不是这一身肉拍着，还不把骨头摔折了？"换成瘦子，又可说："要不是身量轻，这一摔就成了肉饼了！"自嘲时对着自己的某个缺点猛烈开火往往妙趣横生。就这份气度和勇气，别人也不会让你孤独自笑，一般会陪你笑上几声的。

在社交中，自嘲作为一种工具，自有独特的功效。善于自嘲的人总能受到别人的欢迎。笑自己的长相或笑自己做得不太漂亮的事情，会使我们变得较有人性，并给人一种和蔼可亲的感觉。你以取笑自己和他人一起笑，有助于他人喜欢你、尊敬你，甚至钦佩你，因为你的幽默力量证明你有人性。

《编辑部的故事》热播之后，葛优大红大紫，成为中国影视界最富票房号召力的明星。面对成绩和赞誉，葛优并没有沾沾自喜，也不想当"葛大爷”或“丑星”。一次，葛优出席《上一当》的电影首映式，一位记者采访他：“正是因为好多女性看中了你的幽默和潇洒，才觉得你是够档次的爷们儿。现在很多女同胞都亲切地叫你丑星‘葛大爷’。”葛优听罢忙说：“不敢，别这样称呼，让我折寿。虽然头上秃了点，可还算个潇洒青年，再说，观众是上帝呀，咱不能把辈分颠倒了。若是‘上帝’经常来电影院欢度时光，那我情愿喊他们‘大爷’……我称不上‘丑星’，也不想当什么‘明星’。那玩意儿晚上还有点儿亮，到白天就看不见了。”

葛优非常明白一个道理，追逐在他身边堆满笑容的这些娱乐记者，无异于一颗颗不知何时就会引爆的人际地雷，所以在答记者问时，他采用了幽默诙谐的自谦，比较符合其在荧幕上的形象，延续了他在电视剧中带给观众的风趣幽默，令在场的娱乐记者倍感亲切。此外，葛优这一番话充分显示了他的机智与才华，让记者和观众在倍感亲切之余，油然生出敬重之意。

女人自嘲，能增添情趣。在一些交际场合，善用自嘲可以增添乐趣，融洽气氛，增进彼此的了解和友谊。自嘲是自信者使用的艺术。自嘲谁也不伤害，最为安全，你可用它来活跃谈话气氛、消除紧张；在尴尬中自找台阶，保住面子；在特别情况下含沙射影，讽刺一下无理取闹的小人。由此可见，适时适度地自嘲，不失为一种良好修养，一种充满魅力的交际技巧。自嘲，能制造宽松和谐的交谈气氛，使自己活得轻松洒脱，使人感到你的可爱和人情味，有时还能有效地维护面子，重塑心理平衡。

巧用幽默，妙语解困境

女人在社交场合中，往往会遇到令人发窘的问题或尴尬的处境，那么如何面对这一切呢？运用急中生智的幽默是最好的方法。幽默是社交活动的必备礼品，是活跃社交气氛的最佳“调料”。会说话的女人能够巧妙地用幽默轻松化解不快，改变人们的心情和处境，营造特有的幽默氛围，巧妙得体地摆脱尴尬处境。

在日常生活中，人们会参加许多社会活动，难免遇到各种不同的窘况，而一时又找不到应对措施，怎么办？这时你可以想出一句幽默语言，来帮助自己摆脱窘境。但要做到这一点，你需要冷静、乐观、豁达，使自己的精神处于一种自由的、活跃的状态，从而说出机智而又幽默的语言，摆脱窘况。

一位女钢琴家一次在美国迈阿密州的福林特城演奏，结果发现到场的观众不到五成。这让她既失望，又尴尬。但她并未因此而取消演奏，而是以幽默的语言打破了僵局。女钢琴家微笑着走上舞台，对在场的观众说：“我想这个城市的人一定很有钱，因为我看到你们每个人都买了两三张票。”话音一落，大厅里立即充满了笑声。

善于制造幽默的女人，她们常常能将窘迫的情境化为乌有，这实在令人羡慕。英国思想家培根曾说过：“善谈者必善幽默。”幽默女人的魅力就在于：话不需直说，但却让人通过曲折含蓄的表达方式心领神会。幽默感可以提高我们的身心素质。它可以帮我们减轻自身的压力、缓解紧张、化解日常生活中的矛盾以及愤怒，它能化干戈为玉帛。随着一句玩笑，一切的烦恼和悲伤以及疲劳都会消失，让我们再次充满了生机和活力。除了这些，幽默还有利于你与他人和睦相处。

幽默还可以消除尴尬的场面。真正的幽默可引来会心的一笑，带来欢笑与快乐。适当的幽默能帮助女性与他人建立和谐的关系，赢得别人的信任和喜爱。一个女人无论从事什么工作，无论处在何种地位，与人交往是不可避免的。幽默不仅能帮女性更好地与他人进行有效的沟通和交往，还能帮助她们处理一些特殊的人际问题，顺利地摆脱困境。

英国大文豪萧伯纳的剧本《武器与人》首次公演即获得巨大成功。观众们要求萧伯纳上台接受大家的祝贺。当萧伯纳走上舞台，准备向观众致意时，突然有人对他大声喊道：“萧伯纳，你的剧本糟透了，谁要看？

收回去，停演吧！”观众们大都以为萧伯纳会被气得发抖，哪知道，萧伯纳非但不生气，还笑容满面地向那个人深深地鞠了一躬，很有礼貌地说：“我的朋友，你说得很好，我完全同意你的意见。”说着，他转向台下的观众说：“遗憾的是，你我二人反对这么多观众能起到什么作用呢？你我能禁止这个剧本演出吗？”萧伯纳话音刚落，全场就响起了一阵笑声，紧接着是一片暴风骤雨般的掌声。那个挑衅者只好灰溜溜地逃出了剧场。

幽默可以使一个人松弛紧张的情绪，也可以为其找到适当的台阶。对于善意的责难，要保持平静，不可动怒，我们可以采用幽默的办法轻松化解。女人善用幽默是非常可贵的，特别是在气氛非常紧张和严肃的场合。一句适当的幽默可以打破紧张的气氛，营造融洽的气氛。

事实上，当交流陷入尴尬的境地时，无论是名人还是普通人，无论是随机应变还是荒诞推理，适当运用一些幽默技巧，既可以使自己摆脱尴尬，又会给对方以回敬。这就是幽默的超级效用。

机智化解尴尬场面

每个人都希望在社交应酬中从容不迫，洒脱大度，但是，现实生活中往往事与愿违。

女性朋友若在人前蒙羞，处境尴尬时，用自嘲来摆脱窘境，是一种很高明的社交手段。

在人际交往中，无论凡人伟人都免不了遭遇尴尬，或是碰到一些意想不到的事情，或是自己言语失态，或是周围环境令自己始料不及，或是遭遇冷场，或是遇到别人的责难、恶意冒犯与蛮不讲理，等等。在这些情况下，有必要随机应变，运用语言技巧，摆脱尴尬，走出窘境。有经验和智慧的人能够借助于语言技巧化被动为主动，驾驭各种尴尬场合，维护自己的人格与形象。

美国前总统克林顿被记者围攻，记者问：“总统，您对与莱温斯基小姐绯闻的报道作何评价？”克林顿从容不迫地答道：“取笑我的话已经被世人说尽了，再也没人能说出新鲜的了。”语言既尖锐又圆润，自嘲中带有反攻，一下子把球抛到了记者手中，话外音是：“你们谁有本事说出点新花样来？我洗耳恭听。”果然，满场记者顿时语塞。

克林顿的回答堪称自嘲法之典范。试想克林顿若表现出抵触情绪，或赤裸裸地拒绝回答记者的提问，必然招致媒体驳难四起，引发一轮更猛烈的进攻，那样只会使自己更加被动。略施小技，就使得记者认输，再也无心恋战。

若是遇到不好正面回答的问题，可以采取巧妙回避，比如说可以转移话题，也可以给个似是而非的答案，也可以空泛地回答。

现实生活中，难免被人问到禁忌之处，比如有人问到了你的工资，可是你觉得这是个人隐私，又不好指责他，就可以说：“刚刚维持生存啦”、“算是进入小康了”等，或者可以说：“和你的差不多。”这样说话既不会得罪人，也保住了自己的隐私。

世界著名男高音歌唱家帕瓦罗蒂不愿把自己的体重公开，于是，当有人问他现在体重是多少时，他说：“比过去轻。”再追问他过去是多重时，他说：“比现在重。”他使用的是和对方绕圈子的技巧，可谓高明之举。

千变万化的生活中，什么样的怪问题都可能碰到，而对此的最佳方法，就是迅速灵巧地变通，切不可因对方的怪问题而陷于被动。

女人会装糊涂，妙语摆脱纠缠

对于一些敏感性问题，提问者一般不直接就问题的本质提出质疑，而

是旁敲侧击地进行诱导性询问。这时，我们可以故意装作不懂对方的真正用意，而非常表面的、肤浅地曲解其问话，并将这种曲解强加给对方，使对方意识到我方的有意误解实际上是在委婉地表达抗议和回避，从而识趣地放弃自己的追问。很多名人都擅长用曲解来巧妙摆脱对方的纠缠。

在一次记者招待会上，外国记者别有用心地问王蒙："请问，20世纪50年代的你与80年代的你有何相同与不同？"这位记者的用意是路人皆知的。王蒙当时也十分清楚。他抬起头，从容不迫地回答道："20世纪50年代的我叫王蒙，80年代的我也叫王蒙，这是相同之处；不同的是，那时我20来岁，而现在我则有50多岁了。"

记者的提问只给出了年代限定的范围，王蒙虽然知道对方是想借机让他谈一谈对中国国内形势改变的感受，但是却故意装糊涂曲解对方的本意，只是从自己年龄变化的角度作答。这个回答虽然也算是"合格"，但实际上没有真正给对方任何有用信息，令其大失所望。

在千变万化的生活中，什么样的怪问题都可能碰到，而对此的最佳方法，就是利用语言的多义性迅速灵巧地变通，切不可因怪问题而陷于被动，自然，这种灵活的变通也会使你走出困境，走向成功。

由此可见，面对难题时应把握的应变分寸在于：

当你处身陷窘境时，大的方向是必须明辨事理，说话得当；从实际出发，视情况而定，有什么情况就采取什么行动。既要解决难题，又要让双方都满意。但有一点要特别注意：如果有人故意跟你过不去，给你制造种种麻烦，你千万不要生气，大动肝火，如果不能控制自己的情绪就会激化矛盾，扩大事态，结果二虎相斗，两败俱伤。这时你唯一要做的是：头脑冷静，控制情绪，运用办事的技巧，特别是以你的应变术去对付。

某医院护士小张长得漂亮又机灵，大家都很喜欢她。

这天下班，办公室年轻的郑医师对她说："小张，一同去吃饭好吗？我有一件很重要的事想跟你说。"

小张立刻就明白了"重要"的含义。于是她笑着说："好哇！我也正好有事情要你帮忙呢。"郑医师一听高兴极了，放松地说："行，只要是帮你的忙，我一定两肋插刀。”小张又笑了：“可没那么严重。只不过是我男朋友脸上长了几个青春痘，我想问你怎么治疗效果比较好？”

运用这样幽默含蓄的推辞方法，通常情况下都很有效。既可以达到自己的目的，也不至于伤了求爱者的自尊。

其实不管闪烁其词也好，答非所问也好，抑或打岔串音也好，其目的都是避重就轻。但这几种方法的共同表现形式就是假装糊涂。因为只有假装糊涂才能闪烁其词，只有假装糊涂才能答非所问，同样只有假装糊涂才能打岔，才能达到预期的效果。

女人“推”酒有道，不伤身又不得罪人

谈起喝酒，几乎所有的人都有过切身体会，“酒文化”也是一个既古老又新鲜的话题。现代人在交际过程中，日益发现酒的社交作用。的确，酒作为一种交际媒介，在迎宾送客、聚朋会友、彼此沟通、传递友情中，发挥了独到的作用，所以，探索一下酒桌上的“奥妙”有助于你交际方面的成功。

杯中之物，多喝无益，所以，身在职场的女性朋友修炼“推”酒的艺术是十分必要的。

酒席宴上要看清场合，女性朋友应正确估量自己的实力，不要太冲动，尽量保留一些酒量和说话的分寸，既不让别人小看自己又不要过分地表露自身，选择适当的机会，逐渐露出自己的锋芒，才能稳坐泰山，不致给别人产生“就这点儿能力”的想法。

有不少女性朋友，是相当成功的“酒精（久经）考验”的推酒者，无论你怎样“诱导”，她就是笑眯眯地频频举杯而不饮，并且振振有词。

张先生乔迁之日，特邀亲朋祝贺，李娜也在其中，然而李娜平素不胜

酒力。酒宴上，小王提议和小李单独“意思”一下，李娜深知自己酒量的深浅，忙起身，一个劲儿地打圆场：“酒不在多，喝好就行。”“经常见面，不必客气。”“你看我喝得满面红光，全托你的福，实在是……”结果小王无可奈何。

聪明的女性不仅能在酒桌上少饮酒，而且还会因为自己委婉的“推”酒艺术，为酒桌上增添欢快的气氛。而聪明女性的“推”酒的技巧，要根据实际情况灵活运用。

第一，酒席上有领导或长辈在座。

女性朋友在参加酒席时，如果对方是熟悉的长辈或是自己的领导，而你恰巧年轻，又是晚辈，在你向长辈、领导敬酒，起身说话时，言语形式的选择要符合自己的身份，要持敬重的态度，注意措辞的严肃性和应有的礼节性。如长辈要求你喝光你敬的酒时，而你酒量又有限，这时你不妨以孩子似的口吻撒一下娇，耍耍赖，套套近乎。比如，“李叔，你又不是不知道你大侄女的酒量，要是真喝多了，还让你操心，你不心疼我了？李叔，你看，这是你最爱吃的烤大虾，您老快尝尝好不好吃。”这时你不妨微笑地给每位长辈和领导夹一下菜，斟上茶水。此时，通过你的一番说辞转移大家的注意力。若是不算很熟悉的长辈或领导，遇到这样的情况，你不妨微笑着说：“晚辈在长辈面前大杯喝酒，尤其是女孩子，会有失体统，再说对长辈和领导也是一种不尊重。”作为晚辈，你都说这样的话了，我相信，对方一定不会再劝你喝酒的。

第二，和同事一同参加酒席。

因为同在一家公司，整天抬头不见低头见，彼此之间再熟悉不过了，若能同坐在酒桌上，大家都能比较放松，喝酒的气氛自然很高。那么要想更好地“推”酒，就需要智慧了。首先，大家坐在一起，就是平等的，没有业绩好坏、能力大小之分。因此，你不能因为和某某关系好或者谁是你的上司，让你喝你就喝，而其他的同事因为关系一般或者能力相对较差，你就因此百般推托，那样，同事会对你有成见，而且也会对你产生不好的印象，由此对你日后的工作也可能产生不良影响。

比如，大家一同去参加同事张建孩子的升学宴，小艳和王科长还有其他同事同在一桌宴席，席间张建夫妻与大家共同举杯，现场气氛也较为浓厚，很快推向了高潮。这时，王科长举杯要求大家共同干一杯，同事们纷纷响应，都喝光了杯中的酒，只有小艳抿了一小口，同事们马上不依不饶，要求小艳干杯。小艳微笑着站起身说："只要感情有，喝多喝少都是情，再说咱们天天在一起，我的酒量大家也是知道的，这样吧，今天特别高兴，我来唱首歌为大家助助酒兴。"聪明的小艳用歌声转移了同事们的注意力，不仅"推"了酒，而且为酒席增添了热烈的气氛。

女性朋友若遇到这样的场合，不妨学学小艳，可能你没有动人的歌喉，但是，你也可以为大家讲一个较为幽默的笑话，或者为大家表演一个小魔术。总之，不管你做什么，都要给酒宴增添气氛，那么你"推"酒的目的也就达到了。

第11章　妙语连珠，幽默升华女人魅力

生活本就平凡而平淡，所以任何笑声和幽默都是生活的调味剂，能够使生活丰富而快乐。女人总是喜欢乐观、开朗幽默的男人，而男人何尝不是呢？幽默且富有魅力的女人，必定拥有好人缘，必定会深受异性喜爱。女人含羞而幽默，又魅力四射，谁能不爱呢？

幽默是生活的调味剂

现代社会中，人们对于幽默越来越重视，一个懂得幽默并善用幽默的人在人际交往中也越来越受人欢迎。女人若是具有了幽默，就如同一朵活色鲜香的花，不但有形，而且有神。如今女人早已走出厨房和家庭，无论公司商市，还是殿堂大厅，都少不了女人的身影。女人游走于社会的各个角落，出现在交际的各种场合，有了幽默装点的女人更加华彩照人、魅力非凡。

幽默是智慧的提炼，只有经过生活的历练依然保持豁达、乐观的胸怀的女人才能拥有；幽默是才华的结晶，只有博览群书、敏锐多思，善于总结和学习的女人才能妙语连珠。幽默的女人有大智慧，在任何事情上都能

够举重若轻，她善于从另一个角度解读人心、诠释生活，令一切变得从容不迫、风轻云淡。幽默的女人不仅自己活得轻松，也能让身边的人卸下沉重的包袱，在谈笑间淡定地解决一切难题。女人因为有了幽默才有了生动的韵味，有了通透乐观的性格才变得更加可亲可爱。

不懂幽默的女人即便再美丽也总让人觉得少了几分情趣，僵化刻板、冷若冰霜的女人则更加令人敬而远之。所以，聪明的女人总会在恰当的时候表现自己的幽默和诙谐，令生活更加丰富多彩、令人际交往更加轻松和谐。

吴芳是一个容貌并不出色的女人，但是她却拥有疼爱她的丈夫、聪明懂事的孩子，领导赏识、同事敬重，生活过得有滋有味。人们都说吴芳是天底下最幸运的女人，而吴芳自己却说，自己是世上最幸福的女人。而这一切，都源于她的幽默。

老公说："和吴芳一起生活很难爆发真正的家庭战争，她能用幽默将你的怒气瞬间化解。"刚结婚时，有一次两人拌嘴，老公气急之下让吴芳"滚"，吴芳眼泪一抹，拖了老公就下楼。老公说："你走你的，拉着我干吗？"吴芳理直气壮地说："我的东西我要带走。"老公说："我不是东西！"此话一出，两人都笑了，自然也就重归于好。

孩子说："妈妈用幽默教会了我对待生活的态度。"有一次，吴芳下班回家，孩子给妈妈端水洗手，却不小心全部洒在了妈妈的鞋袜上。看着不知所措的孩子，吴芳笑着说："我告诉过你，洗脚要先脱鞋袜，你怎么又把顺序弄反了？"孩子顿时紧张全无。

领导说："吴芳的幽默是一种智慧。"公司刚开了一家门店，生意很不好，于是在全公司征集广告语。吴芳的广告语只有寥寥几个字："本店征顾客，无需经验。"每个路过店门口的顾客看了这条广告语都被逗笑了，于是进店光临，门店因此人气大增。

同事说："和吴芳一起共事轻松自在，充满乐趣。"联谊会上，吴芳教新同事跳舞，新同事总踩吴芳的脚，"对不起"说多了，同事有些尴尬。吴芳笑着说："你看，这地球真是越来越小了，我们的脚都必须找同一个落脚点。”说完大家都笑了，同事也就不那么紧张了。

吴芳在生活中利用幽默将自己的生活点缀得绚丽多彩，而她的人生自然也有声有色、精彩纷呈，难怪大家都这么喜欢她。

吴芳说自己是“最幸福的女人”，因为她用幽默将自己变成了一个人人都喜爱的女人，一个充满智慧、超脱豁达的女人又有谁不喜欢呢？女人的命运掌握在自己的手中，每一个女人都可以像吴芳这样深受欢迎，关键就在于让自己懂得幽默并善用幽默。正如美国总统约翰·肯尼迪所说的那样：“世界上有三件事是真实的——上帝的存在、人类的愚蠢和令人好笑的事情。前两者是我们难以理喻的；所以我们必须利用第三者大做文章。”幽默是一种智慧和力量，而聪明成熟的女人则要善于将这种智慧和力量运用到生活和事业中，从而体现自己的修养和礼仪、文明和魅力。

所以，女人们，请行动起来吧，学习幽默这门艺术，利用幽默使你的生活更加富有情趣，利用幽默展现你的乐观、豁达、自信、机智等，让自己像吴芳一样成为“世界上最幸福的女人”。

幽默语言显示出一个女人的智慧

幽默是一种智慧。一个懂得幽默的人往往能在平淡的生活中发现不同寻常的乐趣，继而将这种快乐的情绪表达出来，给别人带来快乐。事实上，很多时候，大家需要的只是哈哈大笑，可是生活中，人们总是太严肃，太较真。懂得幽默的人，显得大智若愚，能巧妙地利用幽默将尴尬和窘迫玩笑化，从而打开彼此的心结，构建和谐的人际关系。

阿明和小娜既是同班同学，又是老乡。但是他们在上大学之前，并不认识。直到一次偶然的机会，阿明才结识了这个老乡，这令他分外兴奋。

于是从那以后，他经常找小娜聊天，他觉得有种亲人般的感觉。和阿明聊天，小娜也感觉分外亲切。一来二去，阿明渐渐对小娜有了感情。当他鼓起勇气向小娜表白的时候，遭到了小娜委婉的拒绝。

从此以后，小娜总有意躲着阿明，就这样两个人由无话不谈的好朋友变成了陌生人。

两年半时间很快过去了。似乎彼此已经忘记了那段往事。

一天，英语课上，阿明和小娜无意间坐到了一起，当他们发现的时候，老师已经走进了教室。很显然，这时候再换座位势必引起同学们和老师的注意。阿明想和小娜打个招呼，可话到嘴边又咽了回去。小娜也感觉到阿明欲言又止。

这时候，窗外的阳光刚好照进了教室，照在了阿明的身上，小娜灵机一动，笑着说："老乡，你就这么喜欢做阳光男孩啊？"

阿明没有想到小娜会主动和他说话，不由一愣，但是很快，他就被小娜这句幽默逗笑了。尴尬气氛顿时被化解了。

那天，他们聊了很多，当天晚上，阿明还邀请小娜吃了饭。他们又像之前那样相互帮忙，相互信任，而对于之前的不悦只字不提。

案例中的小娜因为拒绝了阿明的追求，继而使双方都陷入了尴尬。关键时刻，小娜用一句幽默的语言，化解了尴尬，继而缓解了和阿明的关系。由此可见，幽默的语言是一种润滑剂，能使尴尬的气氛以及人际关系迅速缓解。这种幽默中包含着对生活的大度，对人生的智慧。因此，作为一个聪敏的女人，如何让自己变得幽默呢？

1.要有积极乐观的心态

通常，一个幽默的人往往有乐观的心态。事实上，只有开心快乐的人，才能发现生活中的快乐，才能在人际交往当中，把你的这种快乐的情绪表达出来，继而影响到别人。很难想象，一个整天唉声叹气，悲观失望的人，能利用幽默使别人开心地笑。所以，作为女性，要想让自己的语言富有幽默感，具备积极乐观的心态是前提。只有开心快乐的人，才能发现生活中的快乐。生活中不是缺少幽默，而是缺少发现的心。

2.懂得玩文字游戏

人类情感的表达往往是通过语言和文字。所以，只有懂得玩文字游戏的人才能懂得幽默。比如案例中的小娜将现实生活中的“阳光”和心理的“阳光”联系在一起，这种双关语的联系带来了幽默。除此之外，还要学会应允落差带来的想象的幽默。比如，现实生活中，你犯了错误被老师批评，假如你把老师批评你的现场角色调换，想象会是多么滑稽的一幕。女性朋友，只有学会玩文字游戏，才能把握好各种情绪的表达，才能将幽默表达出来。

3.要有丰富的知识

懂得幽默的人是有大智慧的人，而这种智慧很大程度上是源于丰厚的知识。因此，要想让自己的语言幽默一些，那么就要掌握来自于书本和生活的丰富知识。比如案例中的小娜既懂得自然“阳光”的意义，又懂得心理“阳光”的意义，这才由“阳光男孩”来联系二者，制造出幽默。女性朋友要让自己肚子里有“墨水”才能创造出生活的幽默。

幽默感为女人增添超凡的魅力

大家都喜欢跟幽默的女人交往。因为懂得幽默的女人更容易接近，给人一种亲切感。懂得幽默的女人，身边的人自然会被她睿智的内心世界所吸引，而淡忘了她的外在条件。她散发出来的魅力磁场异常迷人，吸引周围的人愿意与之交往。

幽默能显示出一个女人的风度、素养和魅力，能让人在忍俊不禁、轻松活泼的气氛中有效地工作、生活和学习。幽默是一种高深的说话艺术，幽默不仅能给周围的人以欢乐和愉快，同时也可以提高个人的语言魅力，为谈话锦上添花。

要想给别人留下好印象，幽默风趣是重要因素。幽默能够迅速消除人与人之间的陌生感，因此，在人际交往中，不妨多多尝试幽默，它不仅能够弥补你口才方面的不足，还能成为你与他人沟通的助推器，有助于提升你的人气。

抗战胜利后，张大千准备从上海返回四川老家，行前好友为他设宴饯行，并特邀梅兰芳等人作陪。宴会开始，大家请张大千坐首座。张大千风趣地说："梅先生是君子，应坐首座；我是小人，应陪末座。"

梅兰芳和众人听了都不解其意，于是张大千解释说："不是有句话讲'君子动口，小人动手'吗？梅先生唱戏是动口，我作画是动手，我理该请梅先生坐首座。"

满堂来宾听后为之大笑，并请两个人并排坐了首座。张大千自称为"小人"，好似自贬，实则"醉翁之意不在酒"，是对梅先生尊重的表示，由此表现了张大千的豁达胸怀和谦虚美德，同时制造了宽松和谐的交谈氛围。

在与别人交往中难免会发生一些不必要的摩擦。如果此种情况下从容地开个玩笑，紧张的气氛就会得以缓解，而且听众还会被你的魅力吸引，被你的宽广胸怀感动，最终真正接受你。在人际交往中，我们轻松地开些得体的玩笑，可以松弛神经，活跃气氛，营造一个适于交际的轻松愉快的氛围，因而幽默的女人常常受到人们的欢迎与喜爱。

有生活经验的人都能认识到幽默对于人生的重要性。幽默能使人以宽容、谅解的眼光来看问题。它会使人以愉悦的方式表达真诚和善良。它像一座桥梁缩短人与人之间的距离，弥补人与人之间的鸿沟。其实很多时候，女人的幽默不仅可帮别人摆脱困境，同时可以给自己一个台阶下。这个时候女人所赢得的称赞，往往不是在夸耀你的语言功夫，而是你的个性魅力。最重要的是，你因此化解了很多矛盾，同时赢得了很多朋友。

幽默能够迅速消除人与人之间的陌生感，并在对方心中留下好印象，幽默是将生活中的各种令人烦恼的问题以轻松诙谐的语言表达出来。幽默是女人成功社交的捷径，是女人能博得好感、赢得友谊的一种好方法。也许你无法得到速成的爱，但是凭借幽默的力量，你可以使自己的人际关系融洽和谐，甚至得到陌生人的尊敬，这就是幽默的魅力。

生活中，富于幽默的男人不少，其实，女人也应该具有幽默感。具有幽默感的女人都有一种不同凡俗的魅力，能自如地展现自己的自信，身边总是凝聚众多的朋友。幽默感被公认为人的性格中最有价值的私有宝物。假如一个女人没有幽默感，就像春天没有美丽的花朵，一盘色彩明快的菜肴没有调料。从一定意义上来说，女人的特独个性取决于自身的幽默感。

巧开玩笑，拉近人与人之间的距离

很多时候，对于彼此不熟悉的人，说话都非常拘谨，担心自己说错话，给别人留下不好的印象。尤其是女孩子，总希望给别人留下好印象，越是担心，越是不敢说话。所以很多人觉得和不熟悉的人打交道是一件难事。

事实上，在适当的时候开一个无伤大雅的玩笑，让彼此紧绷的神经松弛一下，让别人感受到由你发出的轻松愉悦的气息，对方内心深处的防备也会随之降低。当你把别人当作老朋友一样轻松对待时，对方也会把你当作老朋友一样，双方之间的距离感会迅速消失。这时候，女孩子不妨表现得活泼一些，适当地开一些玩笑，拉近彼此之间的心理距离。

这天，小华预约了一位客户商谈生意。可是当天早晨她起晚了。当她气喘吁吁地赶到预约地点时，对方已经等候多时了。小华不停地给对方道歉说："王总，实在实在对不起啊，我不是故意迟到的，昨晚熬夜了，以致今早没起来。"

王总笑呵呵地说："一定累坏了吧？"

小华说："怎么能说累坏了呢？"

本来是对小华的关心，没想到小华反来这么一句，王总多少有些惊奇，不解地望了小华一眼。小华接着说：“我累得都快就地光荣牺牲了。一路上，我是挤了公交，打了的，最后还迈开我矫健的双腿，牺牲我淑女的形象，像狂风暴雨般狂奔而来。”

听小华这么一说。王总的心里顿时愉悦了很多，他对小华的第一印象非常好。他觉得小华作为销售人员，承受着巨大的压力，但是仍旧这么开朗活泼，尤其富有幽默感，实在太难得了。

小华接着说：“我‘穷其极欲’地想要第一时间见到您，正可谓是‘丧心病狂’地使用了各种手段啊。尽管我是‘相当’的累，但是你比我早到很久，那么我也就不‘计较’啦。”

王总笑着说：“都怪我，要是我也能晚出来一会儿，就能感受到你的这种‘幸福’了。”

小华笑着说：“那是，那是，咱们下次约见的时候，我隆重地把享受这种‘幸福’的权利转交给你，以免你日思夜想，难忘失眠的。我多不好意思啊。”

王总哈哈大笑了起来。两人之间的陌生感荡然无存。

案例中的小华在和客户相约的情况下，迟到了。按常理这是非常尴尬的事情，尤其是和客户第一次见面。可是小华却用自己轻松幽默的语言不但迅速消除了尴尬，还因此拉近了和客户之间的心理距离。在生活中，女人要学会开一些玩笑，来缓解和别人之间的尴尬，但要注意如下方面事项：

1.话题选择要合适

在和陌生人开玩笑的时候，一定要注意话题的选择。因为你不知道对方的禁忌，稍不留神，就会触犯对方的“雷区”，进而惹怒对方。因此，女孩子在和陌生人开玩笑的时候要选择那些共性话题。除此之外，一些打击面过大的话题，也要避免。比如你所开的玩笑是在讽刺一个男人不会说话。那么对方会因此误解你，导致对方的心理防备更加严实，这就意味着，你的玩笑没有拉近彼此之间的心理距离，是失败的。

2.语言运用要活泼

在开玩笑的时候，语言要尽量轻松活泼一些，让对方听后心情愉悦。如果你在开玩笑，语言用的非常古板和严肃，对方感受不到玩笑本身的轻松愉悦，反而感受到你语言的严肃，彼此之间交谈的氛围自然轻松不了，心理的距离自然无法拉近。因此，作为女性，在开玩笑的时候，语言尽量轻松一些，让玩笑本身发挥缓解情绪的作用。

3.说话时面带微笑

当你开玩笑的时候，如果能始终面带微笑，即使你开的玩笑没有意义，对方也会从你微笑的表情中感受到那份轻松。反之，如果你板着一张脸和对方开玩笑，即使玩笑很有意义，对方也会感觉心情沉重。所以，当你通过开玩笑来拉近与他人心理距离的时候，要记得面带微笑，这样可以弥补玩笑本身的缺陷和不足。

要掌握女人的幽默诀窍

女人的生活因为幽默而更有趣味，有趣味的生活会让女人心情更加愉快。幽默是一种优美的、健康的品质，恰到好处的幽默更是智慧的体现，当你掌握了幽默这门社交艺术时，你会发现，在职场中它会让你与人愉快沟通，并发挥意想不到的作用。那么如何恰到好处地使用幽默呢?

1. 使用双关语言

所谓双关，即利用语音或语义上的联系，有意使某一词语牵涉两个事物，从而具有双重意义，造成一种言在此而意在彼或亦此亦彼的效果，营造活跃气氛，使对方心悦诚服地接受你的要求。

传说李鸿章有一个远房亲戚，胸无点墨却热衷科举，一心想借李鸿章的关系捞个一官半职。他在考场上打开试卷，竟无法下笔。眼看要交卷了，便灵机一动，在试卷上写下“我乃李鸿章中堂大人的亲妻（戚）”，指望能获主考官录取。主考官批阅这份考卷时，发现他竟将“戚”错写成“妻”，提笔在卷上批道：“所以我不敢娶你。”“娶”与“取”同音，主考官针对他的错字，来了个双关的“错批”，既有很强的讽刺意味，又极富情趣。

2. 正话反说

说出来的话，所表达的意思与字面意思完全相反，就叫正话反说。字面上肯定，而意义上否定；或字面上否定，而意义上肯定。这也是产生幽默感的有效方法之一。

德国有个倒卖香烟的商人去法国做生意。一天，在巴黎的一个集市上他大谈抽烟的好处。

突然，周围人群中一个老人径直走到台前。那位商人吃了一惊。

老人在台上站定后，便大声说道：“女士们，先生们，对于抽烟的好处，除了这位先生讲的以外，还有三大好处哩！”德国商人一听这话，连向老人道谢：“谢谢您了，先生，看您相貌不凡，肯定学识渊博，请您把抽烟的三大好处当众讲讲吧！”

老人微微一笑，说道：“第一，狗害怕抽烟的人，一见就逃。第二，小偷不敢去偷抽烟者的东西。第三，抽烟者永远不老。”

台下听众惊作一团，商人更加喜不自禁，要求解释的声音一浪高过一浪。

老人把手一摆，说：“请安静，我给大家解释。”商人格外振奋地说：“老先生，请您快讲。”

“第一，抽烟人驼背的多，狗一见到以为他在弯腰捡石头打它哩，能不害怕吗？”台下笑出了声，商人吓了一跳。

“第二，抽烟的人夜里爱咳嗽，小偷以为他没睡着，所以不敢去偷。”

台下一阵大笑，商人大汗直冒。“第三，抽烟人很少长命，所以没有机会衰老。”台下哄堂大笑。此时，大家一看，商人已不知去向了。

3. 有意曲解

所谓曲解，就是歪曲、荒诞地进行解释，以一种轻松、调侃的态度，对一个问题进行广泛地解释，将两个表面上毫不沾边的东西联系起来，造成一种不和谐、不合情理、出人意料的效果，从而产生幽默感。

经理见一个烟鬼总是在工作时抽烟，便想了个办法，在墙上写了几个大字：

“工作时不准抽烟！”

谁知这烟鬼依然如故。经理只好当面指指墙上对他说：“先生，呶。”

“看见了，经理。”烟鬼说，“您瞧，我从来都是在抽烟的时候放下工作的。”

4. 夸张

将事实进行无限制的夸张，造成一种极不协调的喜剧效果，也是产生幽默的有效方法之一。

马克·吐温有一次坐火车到一所大学讲课。因为讲课的时间快到了，他十分着急，可是火车开得很慢，于是幽默家想出了一个发泄怨气的办法。

当列车员过来查票时，马克·吐温递给他一张儿童票。这位列车员也挺幽默，故意仔细打量，说：“真有意思，看不出您还是个孩子哩。”

幽默大师回答：“我现在已经不是孩子了，但我买火车票时还是孩子，火车开得实在太慢了。”

火车开得很慢确是事实，但绝不至于慢到让从小孩长成大人。这里便是将慢的程度进行了无限制的夸张，产生了特殊的幽默效果，令人捧腹。

凡事都要有个分寸，幽默也要适“度”。如过了度，肯定会适得其反。因此，应掌握恰如其分的尺度，因时、因人、因地和因内容而定，避免误入禁区。

女人的幽默会是他人的意外之喜

我们发现，生活中有些人不经意间说的一句话，就能把大家逗得哈哈大笑。是他们天生有幽默感，还是他们事先预备好的？其实都不是，他们中的很多人可能平时不善言谈，甚至是语言木讷，他们事先也没有想过自己会说一句幽默话。

之所以如此，是因为他们所说的话刚好忤逆了大家的心理，让别人的心理期待落了个空，但又觉得真是这么回事。在这一点上，女性朋友有更多的优势，因为她们的思维比较活跃，情感跳跃相对来说更加迅速。

辛雯的闺蜜结婚了，婚礼举办得相当成功。除了婚礼策划得完美之外，也少不了辛雯的临场发挥，她的幽默为婚礼平添了许多欢乐。

在亲戚朋友入座之后，典礼开始了。主持人说完开场白之后，向新郎新娘提问："两位在结婚之前接过吻吗？"新郎说："有过！"新娘也羞答答地点了点头。为了使典礼更加有意思，主持人接着问："那你们之后有过更亲密的接触吗？"

主持人问得很含蓄，但是对于新郎新娘以及在场的人来说，都心知肚明。新郎有些不好意思回答，新娘更是羞红了脸。

这时，站在一旁的辛雯说："此处省去8个字。"

顿时，在场的嘉宾哈哈大笑，尴尬的气氛顿时缓和了很多。但是主持人比较刁钻，仍想方设法地刁难新郎新娘，让他们在众人面前出洋相，以此增加婚礼的趣味性。于是主持人又想出了一个难题。

主持人问道："新娘，在此之前，你常到新郎家去吗？"

新娘点了点头。

主持人接着问道："那你把新郎的父亲当爸爸吗？有没有在他面前撒过娇呢？亲过他的脸吗？"

主持人一连串的提问，令在场的众人又发出了一阵哄堂大笑。

新娘羞红了脸，站在台上多少有些不知所措。

这时候，辛雯出来圆场说："这个可以有。"

众人又是一阵大笑。

新娘接过话说："这个真没有。"

在场的嘉宾笑得前仰后合，现场的气氛更加热闹。最后，在一片欢声笑语当中，结婚典礼圆满地结束了。

案例中的辛雯仅仅说了两句话，却将大家逗得哈哈大笑。不是因为她天生有幽默感，而是因为在关键时候，她的一句话，给别人带来了意外的惊喜。那么，女孩子在说话的时候，要在关键的时候说出那句足以令大家喷饭的幽默话，不需要太多，你已经让大家有了意外之喜。作为女性朋友，如何让你的幽默成为他人的意外之喜呢？

1.把握说话的时机

要想让你的幽默成为他人的意外之喜，就要注意说话的时机。不能早也不能晚，要在最恰当的时间说出来，才会产生幽默的效果。比如案例中的辛雯抓住了主持人问新郎新娘"有没有进一步的亲密接触"时，及时地说出了"此处省去8个字"这句话，借助赵本山的小品的经典台词，将幽默发挥得淋漓尽致。说早了或者说晚了，都没有任何意义。所以，说话的时机非常重要。女性朋友，要想语出惊人，就要学会把握说话的时机，使自己的幽默带给别人意外的惊喜。

2.注意说话的场合

说话要注意场合，同样，表达幽默的时候也要注意场合。这样才能使你的表达达到意想不到的效果。很多人觉得在严肃的场合不适宜讲幽默的话，这话有一定道理，但不是绝对。在有些严肃的场合，适当地说一些幽默的话，更能达到语出惊人的效果。比如，在审判日本战犯的时候，在法官排次序的问题上争执不下，说出"按体重排座次"的幽默话，既表达了自己的不满，又能给别人一种意外之喜。所以，女性朋友要注意说话的场合，把你的幽默表达得恰如其分，给别人带来意外之喜。

3.确保语言幽默性

在说话之前，要考虑清楚，你的话在具体的场景中是否真有幽默效果。如果有，则会令大家捧腹大笑，钦佩你的智慧。相反，则会招来大家的不满和怨气，觉得你在出风头。

会说热场“趣言”，营造轻松氛围

很多时候，由于陌生人的加入，会出现冷场。

为了打破这种冷场，让陌生者迅速地融入这个圈子，就需要有人说一些热场的趣言，从而营造轻松愉悦的交谈氛围。

张羽天生是个乐天派，似乎生活中没有一点儿烦恼。并不是她真的那么快乐，只是她不喜欢在别人面前轻易表露。相反，她总是爱开玩笑，为此身边的朋友和她在一起都感觉到非常快乐。即使是刚认识不久的朋友，她也能迅速地和对方拉近距离。

这天，在朋友聚会上，她的死党小云带着男朋友小柯来了。由于初次见面，大家都感觉有些别扭，尤其是小柯很腼腆，不喜欢说话。这时，张羽故意坐到了他的面前，说：“我怎么看你这么眼熟啊？咱俩以前见过吗？”

小柯没有反应过来，不好意思地说：“应该没有吧。”

张羽说：“绝对见过，在一个月高风黑的晚上，在我们老家村口的那棵大槐树下，我拒绝了你的追求。”

小柯一脸无辜地说：“有吗？”

张羽坏笑着说：“曾经有一段真挚的感情摆在我面前，我没有珍惜，直到失去后才后悔莫及，如果上天能再给我一次机会的话，我……”张羽一边说一边装作痛哭流涕。

在场的朋友被逗得哈哈大笑。小柯多少有点尴尬，他不知道张羽到底什么用意。这时小云笑得前仰后合，拉了拉小柯的胳膊说：“哎呀，我的

傻大哥，我们这位姐们儿在逗你呢，别表现得一脸无辜啊。”

小云这么一解释，小柯终于明白了。看着差点笑出眼泪的张羽，小柯伸出胳膊，故意搂着张羽说：“后悔了吧，不过还好，还给你留了个后悔的机会，赶紧把握呗。”

张羽也来了劲头：“悔啊，肠子都悔青了，今晚去哪儿Happy啊？”

张羽的话音刚落，一阵哄堂大笑。

此时，小柯已经融入其中了。起初的尴尬和陌生感一扫而空。大家你一言，我一语地开着玩笑，其乐融融。

案例中的张羽在面对陌生人小柯的时候，故意用曾经认识你，来引入周星驰经典的爱情表白，开了一个玩笑。大家在小柯傻头傻脑的哈哈大笑中，迅速敞开了心扉，小柯也在和张羽对戏的过程中，渐渐融入了这个大圈子，从而一扫初次见面的陌生感。那么，女性朋友，如何用趣言来消除陌生感，营造轻松氛围呢？

1.注意力要集中在新人身上

当有新人加入到你和别人的交谈中时，要把注意力迅速地集中到新人身上，让对方感觉到自己是受欢迎的。但是要注意，不要问东问西，像人口普查似的。这样会让新人感觉到你在审查他，而心生不爽。在适当的时候刻意告诉新人，他很面熟，似乎在哪里见过。或者说他的衣服很漂亮，并问他是从哪里买的。当你和对方交谈几分钟之后，你会很快地发现，对方已经融入你们的交谈圈子。因此，女性朋友要善于和职场新人交谈，使交谈的氛围轻松愉悦。

2.不要开出格的玩笑

由于是陌生人，所以大家的心理戒备很强。这时，可以适当地开一些玩笑来营造良好的交谈氛围，但是千万不要开出格的玩笑。比如，和对方勾肩搭背等亲密朋友做的事情，尽管是在开玩笑，但是互相的心理还没有熟悉到这个程度，所以，在说热场趣言的时候，一定要注意，否则不但不能营造出轻松愉悦的交谈环境，还会令每一个人都陷入尴尬的境地。尤其是女性朋友，不要随便和陌生人开出格的玩笑。尽管你无意，可是对方有心。

3.趣言要无伤大雅，没有褒贬

很多人为了使陌生人迅速地融入交谈圈子，便对他们进行调侃。但是，在调侃的时候要注意措辞，没有任何褒贬。过度地褒扬则会让其他人觉得你在拍马屁，不利于交谈氛围的营造。贬就更不能用了，否则让大家觉得你在欺负新人，同时还会让在场的人对新人有想法和看法。所以，在说热场趣言的时候，一定要保证所说的话无伤大雅，没有任何褒贬。很多女性说话不注意，结果给交谈带来了很大的麻烦。这一点一定要引起足够的重视。

第12章　求人办事，女人妙口一开轻松获得帮助

许多人认为求人办事实在是一件苦差事，一方面难以开口，另一方面担心被拒绝，最终只能失败而归。实际上，同样是求人办事，如果你不懂得对方的心理，不知道将心比心，事情本来很简单，却没有办成；如果你了解对方的心理，以心攻心，那么，一些几乎不可能不办成的事情也办成了。

女人善用“软话”激起对方的保护欲

同情弱者、保护弱者是人尤其是强大的男人的天性，想要把强大的对手说服，争取对方的帮助，不妨博取对方的同情，激起对方的保护欲，这样就可以以弱胜强，以情乞怜，获得帮助。所有的女性在男人眼中都有柔弱、脆弱的一面，关键时刻不妨通过展示自己的柔弱来争取对方的帮助。

女人怎样利用特有的“柔弱”求助呢?

1.示之以强，而求之以弱

同情弱者是人的天性，想要获得他人的帮助，在没有其他办法的情况下，不妨试试“示弱”。“软话求人”，首先要学会低头，平时越是强势、倔强的人，在关键时刻“服软”，往往越能引起人们的怜悯和同情，

轻易不会开口求助的人，“软语相求”更容易打动人。所以这招轻易不能用，否则对于平时喜欢没脸赖皮求人的人，到了关键时刻，这招反而失灵。记住善于妥协示弱的女人很宝贵，惯于妥协示弱的女人很廉价。

2.以泪赚怜

女人的眼泪是最有效的武器，当女人有苦衷或者暂时遭遇麻烦时，眼中的泪水可以迅速引起对方的重视，以最快速度软化对方的心，获得帮助。人们往往不会在外人面前流泪，所以泪水可以使彼此在感情上靠近，产生共鸣，让对方认为你把他当作可以亲近，软弱时可以依偎求助的人，对方自然更愿意帮你。再者，在别人面前流泪了，说明你一定遇到了困难，很多时候眼泪是难以伪装的，对方更容易信任你。另外，女人的眼泪往往能使被求助者获得一种心理上的满足，从而更愿意帮你。

3.以情乞悯

在大萧条时期，一个落魄的男人走进了某家首饰店，本来想要找份工作，但经过一番交谈，经理表明首饰店不再需要员工。这时，一个女服务生不小心打翻了珍珠盒子，珍珠滚落了一地，她捡起后数了数，发现少了一颗，而那个男人刚好站在她的柜台前。女孩猜测珍珠一定被这个男人藏起来了，可苦于没有证据，不好发难。于是，这个聪慧的女孩略带委屈地轻轻问了一句“先生，现在工作很难找，是吗？”男人顿时红了脸，捡起踩在脚下的珍珠还给了那个女孩。

现实生活中，我们常常遇到困难，在不得已求助的时候，不妨做个“可怜”人，这会促使对方站在你的角度想一想，从而“心有所感”，更容易获得帮助。比如，“我想您知道，像我这种境遇有多无奈。”谁都可能遭遇过类似境遇，也就有可能产生“感同身受”的同情，这样的求助则更容易打动对方，所以更高明。

动情言语，令对方不忍对你拒绝

人有社会属性，任何人的一生，都不可能不求助于人，真正成大事者，往往懂得借助他人的力量，而善借外力，必懂攻心谋略；善攻心者，必能用言语感动人。因为人都是有感情的，世间之事也逃不过一个“情”字，求人办事时更是如此。情真方能动人，再铁石心肠的人也难免为真情所动。

山东某企业家张先生原是东北吉林人。张先生虽已成家立业，但时时刻刻都想着家乡，却因为工作繁忙，一直没时间回去。

王某是张先生家乡所在城市对外联络办的工作人员，最近他在工作中遇到了一点问题：市政府为了创办当地特有的产品加工厂，需要一笔不小的资金，当地政府千筹万借，才筹到了总数的三分之一，怎么办呢？王先生准备找张先生帮忙。他看过张先生的详细资料，就判断张先生此时一定有回家乡投资的意向。因此，在没有任何人员陪同，也没有准备任何礼品的情况下，独自一人前往山东。

当张先生听说家乡来人时，欣喜之余也感到有些惊讶，因为久不闻家乡的信息，突然有人来访，该不会是招摇撞骗之人吧？张先生不由得心生疑惑，但出于礼节，他还是同王某见了面。

王某一见张先生这种神情，知道他还没有完全相信自己，于是他选择了家乡的话题，只讲家乡这些年的风貌变化，他那生动的语言，特别是那浓浓的爱乡之情溢于言表，令张先生深受感动，也将他带回了童年及少年时代，想起了那时的家乡，那里的爷爷奶奶，还有邻里亲戚……很显然，张先生记忆深处的那块思乡领地已被王某揭开了“盖头”，蕴藏在心中的那几十年的感情全部流露了出来，让人欲罢不能。

就这样，经过三个小时的“聊天”，王某对借钱只字未提，只是与张先生回忆了家乡的变迁，犹如放电影一般。最后，张先生不但主动提出要为家乡捐款，还答应了与家乡合资办厂的要求。

俗话说："老乡见老乡，两眼泪汪汪。"案例中的王某就是通过回忆乡情来打动张先生的，的确，乡情是以地缘为纽带而结成的特殊缘分，人们在说话办事时可以靠乡情套近乎、拉关系，也可以利用乡情打通关节，达到目的。

当然，在求人办事时，说动情的话的方式是多种多样的，但前提必须是要掌握对方的心理，说对味的话，才能真正达到以情动人的目的。通常来说，我们可以做以下努力：

充分阐明自己所请求之事并非与被请求者无关，暗示对方不能无动于衷、袖手旁观。

当然，表现"情"时不能冷冰冰的毫无感情，也不能表现得过度热情。求人办事时，"情"的展现也只是一种客套而已。如何恰当地"客套"是值得思考的。"欲知其人，先善其思！"意思就是说只有先了解对方的所思，才能在语言、行为上知其客套，赢得对方的好感。

用情打动别人这一求人办事的方法，一般用于比较大的或较为重要的事情上，需要我们把对人的请求融人动情的叙述中。通常来说，一句富有人情味的话，往往比那些大道理更具说服力。

求人办事要真诚，不要羞于表达

人生在世，没有谁只活在自己的世界里，社会是一个集体，学会说话、办事，少不了求人，为此，你就必须舍得面子，如果羞于表达，恐怕是没有人愿意答应你的请求的。从心理学的角度来说，谁都愿意听顺耳的话，何况是在别人有求于自己的时候。同时，大多数人对那些敢于大胆、真诚、说话情真意切的人，往往更愿意伸出援助之手。

的确，日常生活中，有太多无奈，你不得不去求人。假如你是一个下属，希望升职加薪；假如你是一名病人，希望找到一个医术高超的医生解除你的病痛；假如你在为工作发愁，希望找到一份如意的工作；假如你急需用钱，希望筹借到这笔钱……这许许多多、大大小小的希望便构成了生活。生活会迫使你不得不去求助于别人，但有些人对此常常皱眉头，甚至羞于告人，他们对求人怀有一定的偏见，认为那一定是卑躬屈膝、低三下四的。其实不然，人身为社会人，就不可能做到万事靠自己，寻求帮助是一种生存方式，而且，向别人寻求帮助是以自尊、自重、自爱为前提的，是要做到求而不卑、求而不倚，也没有什么丢脸的。

求人有多种多样的方式，但大多时候是由口头提出的。人们不难发现，同样的请求内容，不同的人，用不同的方法和语言表达出来，得到的结果常常是不一样的。那么，怎样开口求人才显真诚呢？

1.求人时语言要诚恳

所谓诚恳，是指要让被请求者感到你是发自内心地求助于他，从而重视你的请求。这是求人成功的先决条件。

2.求人时语言要礼貌

所谓礼貌，是指应该尽量选用被请求者乐意接受的称呼，比如问路、请求让座时就显得非常重要。问路时，称对方为“老头”、“小孩子”，那你肯定一无所获；若改用“老人家”、“小朋友”等，效果就会好些。有这样一个故事：

有个年轻人骑马赶路，见一位老汉在路边休息，他便在马上高声喊道：“喂！老头儿，离客店还有多远？”老汉回答：“五里！”年轻人策马飞奔，急忙赶路去了。结果一口气跑了十多里，仍不见人烟。他暗想，这老头儿真可恶，说谎话骗人，回去非得教训他一下不可。他一边想着，一边自言自语道：“五里，五里，什么五里？”猛然，他醒悟过来了，这“五里”，不就是“无礼”的谐音吗？于是掉转马头往回赶，追上了那位老人，急忙翻身下马，恭敬地叫声“老大爷”，话还没说完，老人便说：“天已黑了，如不嫌弃，可到我家一住。”

这是一则流传很广的故事，它告诉人们在人际交往过程中说话要讲究礼貌的重要性。

3.不强加于人

不强加于人是指不用命令、祈使的语气，而多用委婉、征询的口气。例如，尽可能地使用“麻烦……”、“劳驾……”、“可以……吗”这类句式，即使对相识者也不例外。

4.求人时，语言一定要简明扼要

不需要刻意雕琢言语、咬文嚼字，要尽量抛弃那些造作的、文绉绉的词汇；而且说话要有真意、不粉饰、少做作，表现朴素、自然，平易近人地把话说得自然、通畅。

世界著名演讲艺术家弗尔特说：“你应该时常说话，但不必说得太长，少叙述故事，除了真正贴切而简短之外，不讲为妙。”

简明扼要的表达是实现一语中的、妙语连珠、赢得他人侧耳聆听的基础。同时，还要忌讳含糊其辞。语言表达必须准确，说话前要谨慎思考，避免说出过于犀利或不文雅的言语。

5.避开忌讳

每个人因个性和生活经历不同，对某些言辞和举动有所顾忌，因此千万不要去冒犯。《孙子兵法》上讲：“知己知彼，百战不殆。”这句话同样适用于求人的技巧。当我们有求于人的时候，首先不妨对那个人的嗜好、性情、学识和经历等作一番调查，然后从容前往，将会取得意想不到的效果。

人生在世，既有风雨也有晴天，所以任何人都需要别人的“搀扶”，我们在求人办事的时候，要大胆开口，同时要做到求而不卑、求而不倚！

令对方不知不觉认可你

心理学家认为，在一般情况下，人们都不愿接受较高较难的要求，因为它费时费力又难以成功。相反，人们却乐于接受较小的、较易完成的要求，在实现了较小的要求后，人们才慢慢地接受较大的要求，这就是“登门坎效应”对人的影响。其实，生活中，“登门槛效应”的应用实例并不少见，比如，男性追求女性，直截了当地求爱可能会吓跑女方，但如果从朋友做起，则更易达成目标。我们求人办事，因为事情的难度，对方很可能会拒绝，但换言之，我们让对方帮个小忙，对方会欣然接受，也就是这个道理。

心理学家查尔迪尼做了这样一个实验：他代替某个慈善机构进行了一次募捐活动。在募捐时，他对一些人说了这样一句话：“哪怕一分钱也好”，而对另外一些人则没有说这句话。结果，前者的募捐比后者要多两倍。

这就是说向人们提出一个微不足道的小要求时，人们很难拒绝，否则就太不通人情了。“登门槛效应”的要义在于先进门槛再逐步登高，得寸就步步进尺。为了留下前后一致的印象，人们就容易接受更高的要求。

一次，一个旅游团不经意地走进了一家糖果店。他们参观一番后，并没有购买糖果的打算。临走时，服务员将一盘精美的糖果捧到了他们面前，并且柔声慢语道：“这是我们店刚进的新品种，清香可口，甜而不腻，请您随便品尝，千万不要客气。”如此盛情难却，旅游团成员恭敬不如从命。他们觉得既然免费尝到了甜头，如果不买点，确实有点过意不去，于是每人买了一大包，在服务员“欢迎再来”的送别声中离去。

实际上，这也是“登门槛效应”的应用。根据“登门槛效应”，在人际交往中，当我们要求某人做某件较大的事情又担心他不愿意做时，可以先向他提出做一件类似的、较小的事情。当他接受了这一小要求时，我们就有可能让他答应更大的请求，也就是说想“进尺”，不妨先“得寸”。

但我们在运用“登门槛效应”时，还应注意以下几点：

1.“门槛”不能太高，否则无法“得寸”

一般情况下，人们不会拒绝那些举手之劳的事。因此，我们在提出正式要求之前，要做充分的准备，将对方的实力调查清楚，否则，可能你所谓的小要求，对于对方来说都很难达成。

比如，你是个管理者，你高估了某位下属的能力，你交给他一件你认为的小事，他也没有办好，这主要是因为你没有事先了解清楚。相反，当你了解他的做事习惯、办事能力后，不妨先提出一个只要比过去稍有进步的小要求，当他达到这个要求后，再通过鼓励，逐步向其提出更大的要求，这样他容易接受，预期目标也容易实现。

2.注意“进尺”的尺度

现实生活中，我们经常会将那些直接向我们推销产品的推销员拒之于千里之外。当销售员获得我们特许，“登门槛”、也“得寸”后，便得意忘形，将销售议程提上案。事实上，此时，我们的内心世界还没有消除对销售员的戒备，可想而知，我们是不会买他的账的。

社交场上也是如此。我们求人办事、向别人提请求，也不能急功近利，否则，只会事倍功半。

3.确定对方能否接受你“得寸”，从而让你“进尺”

生活中，一般人都能接受“登门槛效应”，人们都希望在别人面前保持一个比较一致的形象，不希望别人把自己看作“变化无常”的人。因而，在接受别人的要求、对别人提供帮助之后，再拒绝别人就变得更加困难了。如果这种要求给自己造成的损失并不大，人们往往产生一种“反正都已经帮了，再帮一次又何妨”的心理。于是，“登门槛效应”就发生作用了。

但事实上，也有一部分人，“登门槛效应”对他们根本起不了作用，对于这一类人，我们应该做的是“另寻出路”。

可以说，“登门槛效应”是一种求人办事的迂回措施，当“引诱”对方先同意我们的小要求后，对方答应我们的大要求的成功性也就更大！

找好时机，把难开口的请求说出来

我们都知道，求人办事能否成功，往往和对方的心情有关。如果对方高兴，很可能会二话不说答应你；但如果对方心情不悦，那么，求人办事的过程也会变得艰辛很多。因此，那些善于掌握他人心理的人，往往选择对方心情愉悦的时候提出自己的请求。因为从心理学的角度来说，人们在心情愉悦的时候，对于他人的请求的排斥度会大大减小。可能这就是那些销售人员会选择客户公司庆典、结婚纪念日、升职加薪日上门推销的原因了。当然，有时候，我们可以为客户“制造”一个心情愉悦的时刻。

有位先生和朋友去拜访一位教授，希望教授能为自己的学业指点迷津，可教授为人严肃，平时不苟言笑。坐了半天，除了开头说了几句应酬话，剩下的只是让人尴尬的沉默。

忽然，那位先生看到教授家养的热带鱼，其中有几条色彩斑斓，游起来令人眼花缭乱。那位先生知道这鱼叫“地图”，自己也养了几条，还很得意地为朋友介绍过。教授见那位先生神情专注，就笑着问：“还可以吧?才买的，见过吗?”只听那位先生说：“还真没见过。叫什么名字?明儿我也打算养几条呢！”当时他的朋友不解地看看他，心想装什么糊涂，不是上星期才到你家看过吗?

可教授一听，来了兴致，神采飞扬，大谈了一通养鱼经，那位先生听得频频点头。教授像是遇到了知音，说说笑笑，如数家珍地为他讲每条鱼的来历、名称、特征，又拉着他到书房看他收集的各类名贵热带鱼的照片，气氛顿时活跃起来。他们一直聊到很晚才走，教授还嘱咐这位先生下次带上难懂的书籍登门拜访，朋友这才突然领悟到那位先生说谎话的用意。

教授前后判若两人，使本来几乎陷入僵局的交谈又顺利地进行下去了，这都归功于一句谎话。若据实相告，那很可能会继续“尴尬”下去。

可见，求人办事的过程中，对方的心情在事情成败过程中所起的作

用。如果你不顾对方的心情与感受，打过一个招呼就开始讲自己的来意，迫不及待地反复强调自己的想法如何如何，以及帮助自己有什么好处，结果往往事与愿违。因此有经验的求人者并不是一开始就切入正题的，而是先观察现场气氛。

那么，具体来说，我们如何才能制造一个有利于开口的时机呢？

1.多提及对方感兴趣的事

那些求人办事成功者，往往都有一个经验，那就是多提及对方关心、喜欢或者自豪的事情，因为渴望被人重视是每一个人的心理。为此，我们有必要多花心思研究对方，对他的喜好、品味有所了解，这样才能顺水推舟。

可能你们都喜欢同一品牌的球鞋；提及对方的工作，或许他的工作需要你的支援；提及时事问题，可能对于教育与政治的问题你们观点一致；提及孩子等家庭之事，大家都有一本难念的经；提及体育运动，也许你们都喜欢棒球；提及对方的故乡及所就读的学校，极有可能你们是同校同乡……

2.交流以对方为中心

在求人办事的过程中，要明白主角永远是对方，而你必须自始至终扮演配角才行。如果本末倒置，难免引起对方不快，很有可能断送这笔交易。所以，求人者应尽可能寻找彼此间共同关心的话题。

3.适时提出自己的请求

当然，这一切必须显得水到渠成，不可过于急切，如果对方还是对你心存疑虑，那么，就不可操之过急，而应该继续与对方进行一些相互了解的谈话。如果彼此之间已经相谈甚欢，你便可以提出自己的请求，但还是必须注意用商谈的口吻，注意自己的措辞。

求人办事的过程就是说话的过程，要设法在言谈中让对方不自觉答应你的要求。不论你引入什么话题，从一开始打招呼到正式商谈，每一过程都应注意说话要巧妙、得体。只有适逢时机地提及你的问题，才能提高求人办事的成功率。

第13章 决胜职场，语言能力是软实力

对于现代女性而言，职场是个不见硝烟的战场，怎样进入一家心仪的公司，如何与不同类型的人打交道，怎样表现才能使自己优雅得体？这些不仅是做人的智慧，也是与人交往的智慧，而这些恰恰需要女人拥有口吐莲花的能力。一个妙语连珠、口才绝佳的女人，一定能够用言语巧解绳结、化险为夷、驰骋职场。

招聘面试，“说”出机会来

现在社会招聘的广告越来越多，表明社会对人才越来越重视，同时，现代人不再是坐待“伯乐”的谦谦君子，“毛遂自荐”不再受到世人非议。为了使自己的才智和潜能得到最佳的发挥，人们往往需要自我推荐。招标的答辩、招聘的面试、求职的自荐，都需要恰当的言辞、充分地展现“自我”而求得认同。

面试场上你的语言表达艺术标志着你的成熟程度和综合素养。对于女性求职者来说，掌握一定的语言表达技巧无疑是重要的。

首先，女性走进面试考场时，应尽量放松自己，表情自然，面带微笑，给人以真诚、亲切的印象。而应聘者的第一句话是非常重要的。据不完全统计，有70%的应试者参加面试时，不主动说第一句话，沉默地等待主考人发问，或虽然主动说话但不得体。只有30%的人能礼貌、得体地说好第一句话。一般来说，第一句话可以是问候、请示或自我介绍，如“您好，我是王洋，来参加面试”等，要根据实际情况灵活变通，不能弄巧成拙。创造良好的开端，可以给主考人留下良好的印象。

其次，主考官都喜欢积极参与、开朗的人。因此，应试者不能消极被动地坐在那里等着回答问题，要积极主动地参与交谈，适时调控面谈的进程，达到说服对方的目的。当然，交谈时要把握分寸，不能喧宾夺主。讲话在精而不在多，说话过多难免失之轻率。说话要力求把握要点，说一些无关的事于己不利。

来京求职的刘薇在连吃了几次“闭门羹”之后，又鼓起勇气叩开了气派豪华的金澜公司的大门。

人事部职员粗略地看了一下刘薇的简历后，准备把她引见给总经理，刘薇一听又惊又喜，她听说总经理很少来北京，也算是巧合吧，竟被她碰上了。于是，她稍稍整理了一下自己的衣饰，走进了豪华的总经理办公室，一位中年男性懒洋洋地说了声“请坐”，就又忙起自己的事儿来。

“您好，王总，这是我的简历，应聘贵公司商务代表。”为打破僵局，刘薇毕恭毕敬地递上简历。“嗯。”总经理皱着眉看了起来，看后随手把她的简历塞进了旁边一叠材料的最下层。

“好了，你可以走了。”多次的被拒和劳累使刘薇倍感失望，刹那间，有种竭力想挽回的意念支配着她的行动，她快速走到这位经理面前，坚定地说：“王总，这次应聘我不怕失败，但是我期待成功，希望未来的日子能成为贵公司的一员，我想，我能行。”说完，她从容地离开了……

第二天，正当刘薇要去另一家房地产公司面试时，她的手机响了，是王总的声音，他通知刘薇面试成功了。

女性在面试时一句恰当的开场白，有助于应聘成功。面试讲话在精而不在多，回答问题要力求把握要点，精练准确，有条理，不走样。重复的谈话会让人感觉你平时说话办事也一定唠唠叨叨、婆婆妈妈。

自信是成功的第一秘诀，求职同样如此。不论你希望从事什么职业，首先都要摒除对该种职业的敬畏心理，要坚信自己有资格胜任那项工作，如果被雇用的话，会做得很好。这是求职者必备的一种心理。

判断一个人是否十足自信，当然要从多方面衡量，但是在求职面试中，需要速战速决，给人以好感，此时谈话的技巧就极为关键了。

有一位女士虽然各方面的条件都相当优秀，但在面试时却失败了，究其原因，就是说话的声音太小。后来她在另一次面试中，提高音量，结果就被录取了。

事实上，小声说话往往给人不够开朗、缺乏自信的感觉，这种人就算说的内容再精彩，给人的感觉也不会太强烈。

通常对自己面谈的内容没有信心，或者身体不太舒服时，说话声音比较小。一开始就小声说话，会给人软弱的印象，有时甚至会让人产生不想继续听下去的念头！因此大声说话，不但可以让别人重视我们，同时也有助于提高自己的信心。

另外，在说话时必须掌握好停顿的技巧。适当的停顿不仅能使讲话层次分明、重点突出，还能够使听者明白你所讲的内容分几个段落，这样既能吸引听者的注意力，又能使前后互相照应。当我们转换语言、承上启下，或提示重点，总结中心思想的时候，就需要停顿，而停顿的时间按具体情况而定，短则两三秒，长则不超过十秒。

如果不懂得适时地停顿，滔滔不绝，会使人产生急促感，别人对于你的讲话也可能产生“不知所云”的感觉。

求职面试，也是寻常事，与其将它当成一次重大考验，不如把它当成一个表现自己的机会。这样，你就会表现得更出色一些。

初入职场，巧谈薪酬的技巧

在准备向老板提出加薪的要求时，很多人心里像揣只兔子，忐忑不安。美国有一本畅销书叫《女人不提问题》，它揭示了女性存在的共同问题。大部分女性都害怕和上司谈论薪水的问题，而男人则把这种谈判当作一个刺激的游戏。所以，20%的女性一生中从未尝试去谈判薪水，即使那些自认为是工作上的谈判好手，能够狠狠地向供货商杀价的女人，也不愿和老板谈薪资问题，虽然仅在嘴上表示一下抗议，最后还是被动地接受。

刚大学毕业的小彤在参加某单位面试时，当主考人员问及："你期望工资是多少？"她一时不知所措，在毫无准备的情况下保守地报了一个数字，结果因报价太低被人怀疑其能力低下，失去了工作机会……对于求职者来说，酬劳是很重要的，它在一定程度上决定了你的社会价值和你的生活水准，因而在面试时一定要与用人单位商谈。

男人的做法与女性相反。他们不仅与老板谈判第一份工资，也谈加薪、更换岗位、争取奖金等问题。这样，随着时间的流逝，男女之间的差距就越来越大，男人和女人虽然以同样的能力开始工作，但临近退休时，双方的工资差距却达几倍之多。

讨论薪酬与商品买卖过程中赤裸裸的讨价还价是两码事。尽管面试双方都不讳言薪酬问题，但一个人的薪酬与其能力、作用、表现、贡献等息息相关，在用人单位尚未了解你上述情况时，你就直奔主题，给人的第一印象会大打折扣。即使有机会进入商讨阶段，如果开价过高，也难以被用人单位接受；若开价过低，吃亏的是自己；而"打闷包"吧，又心有不甘。那么，初入职场的女性，应该怎样与用人单位讨论薪酬呢？

1．先不开口

不要轻易地把你对薪水的要求讲出来。倘若你在还未摸清薪水的可能变动幅度之前就突兀地把自己推销出去，这简直是在冒险，因为薪水问题通常是可以进一步洽商的。

2. 避实就虚

假如面试时老板问你目前薪资多少，这个问题你千万要谨慎回答。你最好回答：过去的工资并不重要，关键是我的工作能力。如果你目前薪水太少，那么，直接回答不会给你带来什么好处。过去的工资并不重要，关键是要展示你的工作能力以及你能为公司作的贡献。

3. 控制比例

当老板终于开始和你谈具体工资时，你该怎么开口呢？让老板先说个数。每个雇主在心里对薪水的上下限度都有个数，他们经常会在那个限度内自由调整。在你提出任何薪水要求之前，请务必弄清它的大致价位。假如它低于你的心理价位，你就定一个比你现在的薪水高至少10%～20%的价。倘若你现在这个位置拿的钱太少了，那么适当再抬高一些。不要用具体的数字，这样很容易造成僵局。不妨让对方提出工资的幅度，这样双方就可以继续顺利讨论下去。

4. 留有余地

如果必须由你先开价，勿将底线定得太低，给出一个和你心里想的大致相同的范围。但要记住：雇主往往会盯住你的底线，所以你不能把底线定得太低。留出一定的余地，洽谈自然也会更灵活。

亮出自己，会做还要会说

要想在职场上取得长足的发展，除了专业准备外，关键在于你是否掌握表达的机会，让自己站上舞台，发挥实力。机会不会从天而降，表达才有得分的机会。

任何一间办公室里，几乎都存在这样一种现象：辛辛苦苦地加班工作，把所有繁重的事务性工作都揽起来的是一类人，而在年终的表彰大会上风光，加薪晋级的，往往是另一类人。

你可以把这种不公平归为上司的眼睛不亮，同事们邀功争宠，可你是否想过，自己的工作方式是不是出了问题?

蒋小涵在学校时是有名的才女，不但琴棋书画无所不通，口才与文采也是无人能及。大学毕业后，在学校的极力推荐下去了一家小有名气的杂志社工作。谁知就是这样一个让学校引以为豪的人物，在杂志社工作不到半年就被炒了鱿鱼。

原来，在人才济济的杂志社，每周都要召开一次例会，讨论下一期杂志的选题与内容。每次开会很多人都争先恐后地表达自己的观点和想法，只有她总是坐在那里一言不发。她原本有很多好想法和创意，但是她有些顾虑，一是担心自己刚刚到这里便“妄开言论”，被人认为是张扬，是锋芒毕露；二是担心自己的思路不合主编的口味，被人看作幼稚。就这样，在沉默中她度过了一次又一次激烈的争辩会。有一天，她突然发现，这里的同事都在力陈自己的观点，似乎已经把她遗忘了。于是她开始考虑扭转这种局面。但这一切为时已晚，没有人再愿意听她的声音了，在所有人的心目中，她已经成了一个没有实力的花瓶人物。最后，她因自己的过分沉默而失去了这份工作。

你是否也有类似的经历：有些同事在会议中总是非常踊跃地发表意见，滔滔不绝，似乎有备而来。事实却可能是：他对提案没有你更熟悉，而且你手上准备的资料也比他更全面。但你从没有机会表达自己的意见，结果主管不知道你的存在，更难想象你的专业程度。我们常说沉默是金，但也不想忘了，沉默同时也是埋没天才的沙土。

长期由男性主导的职场环境中，男性建立了专有的职场游戏规则。女性要分半壁江山，不妨从了解男性的职场游戏规则开始，改变女性特有的一些弱势性格特征。

1. 过多的点头

当女人点头时，表示她们 “我明白了”，而男士往往把点头理解为同意他们的观点。过多的点头会被看成软弱的表现。

2. 口头禅

有些人把交流工作变成陈述并要求得到证实，“这是个好主意，你不认为是这样吗”、“我们有最好的工作团体，对吗”类似的口头禅会减少权威性和可信性，所以应该避免。

3. 修饰

有些词如“只是”、“但愿”、“猜想”会使表达者及所表达的信息受到轻视。“这只是个想法”、“我只是个初学者”、“但愿我干得不错”、“我想我有个问题”这些语句都表明表达者缺少自信，而且告诉男士听者所表达的信息无关紧要。同样，频繁的道歉也是不恰当的。应该用强有力的语言代替那些软弱无能的词汇。

4. 允许打断

男士会突然插进来说自己想说的事。他们比女人更喜欢打断别人。而女人往往会容忍自己的话被打断，以致对自己的主见失去信心。所以你应该说“我还没有说完”或“请先保留你的问题”，或者继续发言直至表达完自己的看法。

5. 等待他人的邀请

在职业场所，不能大胆说话的人往往被认为是没有知识的，所以你要积极投入每一次会议的发言中。有些女性等着他人邀请自己发言或根本不知道如何发言。所以在适当的时候打断他人来阐明自己的观点是很重要的，你必须学会让别人倾听你的意见。

6. 说话太软弱

说话软弱无力往往表示自己缺乏安全感或自信心。从喉部的隔膜发声可以使自己的声音被与会的每一个人听到。因为如果他们不得不竭尽全力才能听到你的声音，那么他们往往会听不进你在说什么。发言人一旦以一种软弱的声音来阐述自己的观点，往往会失去说服力。

推功揽过，三言两语让你树立威信

面对荣誉、利益，人们通常都会选择接受，而不是推开，这样的做法看似平常，但却不是大智慧。在职场，不贪功，主动承认自己的过错才是值得敬佩的，因为这样做是需要魄力和勇气的，几句话便能树起自己的威信。在这个世界上，凡是成功的人，大都懂得与别人分享美名。在他尚未成功的时候，懂得与人一起分享利益，所以，朋友帮助了他。当他成功以后，又懂得推功揽过，认为都是大家的功劳，失误由自己承担。

晋国有一个叫李离的狱官，他在审理一件案子时，由于听从了下属的一面之词，致使一个人冤死。真相大白后，李离准备以死赎罪。晋文公说："官有贵贱，罚有轻重，况且这件案子主要错在下面的办事人员，又不是你的罪过。"李离说："我平常没有跟下面的人说，我们一起来当这个官，拿的俸禄也没有与下面的人一起分享。现在犯了错误，如果将责任推到下面办事人员身上，我又怎么做得出来。"他拒绝听从晋文公的劝说，伏剑而死。

像李离这样的官员能够以身作则，说一不二，下属不服都难。现在有很多领导在见到利益和功名时第一个冲上前，在出现错误时就想方设法找个替死鬼，转嫁给下属，虽然自己轻松了，但是却留下了骂名。领导干部在功劳面前应该保持淡定，在错误面前一定要坦诚，这样才能服众。推功揽过，有助于与下属形成相互信任、相互支持、相互谅解、配合默契的心理环境，从而形成相互激励、相互推动的向上力量。给下属以信心、鼓励和宽慰，使下属卸下包袱、放开手脚开展工作，与自己同甘共苦，进退一致，形成团结进取共谋事业的良好氛围。

古人云："责人重而责己轻，弗与同谋共事；功归人而过归己，尽堪救患扶灾。"在错综复杂的社会中，谁都不能保证永远不会出现失误。领导者要以身作则，做好表率，对工作推功揽过，勇于负责，对下属失误容忍宽待。在总结下属成绩时，要充分肯定，允许下属超越自己。切忌有了

成绩是自己的，出了问题是下属的。如若这样，必然为下属所不齿。推功揽过，这是对领导干部政治素质、心理素质的考验。推功揽过，还需要领导人具备一定的见识，能够在错误发生时深刻地总结原因，具体地认识到领导责任，既能够看出事物的相互联系，又能够看到事物的变化，这是一种高明的见识，是一种整体论思维。

每个人在面对功劳时都会想办法争取，据为己有，如果一点这样的想法都没有，那么这个人反而不会成为职场中的一名悍将。但是一个想成大事的人，必须有一种与众不同的心态，尤其是领导者，要想在下属心目中树立良好的形象，树立有力的权威，就需要有不凡的气度，只有这样下属才会发自内心地服从你。

沟通能力决定女人在职场中的位置

要想在这个社会里生存，是需要沟通、交流的，人与人之间交流思想，沟通感情最直接、最方便的途径就是语言。通过出色的语言表达，既可以使相互熟识的人情更浓、爱更深；也可以使陌生人产生好感，更可以使仇恨彼此的人化干戈为玉帛，友好相处。

沟通能力，是一种能证明和让对方发现你具有社会工作能力的能力。一个具有沟通能力的女人，可以将自己所拥有的专业知识及专业能力百分之百地发挥，并迅速地给对方留下“我最棒”、“我能行”的印象。在现实生活中，如果你常常说错话、得罪人，或者不知道自己该说些什么、该怎么说，那么你的沟通能力上就必须加强。不论是日常生活或是工作场所，良好的沟通都是人际关系的第一步，有了良好的沟通才有机会和他人建立互动的关系。

沟通是实现我们的目标、满足我们的需要、实现我们的抱负的重要工具之一。如果不能很好地沟通会对自己有什么影响？对于一般职员来说，个人可能会丧失职场竞争力，达不到预期的业绩或者目标。例如，在公司如果你没有良好的沟通能力容易引起误解，上司会另眼相看。如果你平时和同事之间的沟通不好造成人际关系紧张，你有可能失去晋升的机会。对于中高层的管理者来说，沟通不畅通会导致公司整体业绩的下滑。

沟通能力越来越成为职场成功应聘者的首要因素，查看招聘信息，“良好的沟通能力”几乎出现在所有公司的招聘条件中。沟通能力从来没有像现在这样成为人们成功的必要条件。当文凭、履历相近时，沟通能力成了应聘者获取职位的一大法宝。更重要的是，商业社会的运转离不开有针对性的和高效率的沟通。大到修身、治国，小到求职、晋升，谋发展，哪一个能离得了口才呢？一个企业员工的整体讲话水平，可以决定企业的发展速度。一个女人的讲话水平，可以决定她的生活层次。

良好的沟通不仅能保证女人的交流顺畅，也会为女人的工作表现加分。沟通在女人的一生中扮演着极其重要的角色，沟通能力的大小往往决定了一个女人的成功与否。在生活与工作中注重沟通技巧的修炼，掌握沟通的方法有助于女人开创意想不到的新局面。在竞争激烈的职场，沟通技巧的优劣往往决定了一个女人职业生涯最终能达到的境界。

先肯定他人，再提出建议

和他人交流时难免出现意见相左的情况。当自己不同意对方的意见时，可以提出自己的看法，然而在提出不同建议时要讲究一定的方法，很多时候不能太直接了，因为每个人都有自尊，都需要得到他人的尊重，所以在提出自己的建议之前要先肯定他人，对其值得认可和借鉴的方面予以肯定，然后根据实际情况提出自己的建议，这样提出的建议往往会获得他

人的认可，取得比较好的效果。

小郑是一个部门的主管，他平时比较严格，对自己的下属比较苛刻，而且很多时候不分青红皂白就对下属进行一顿批评，下属即使觉得不公平也不敢反驳，只能默默忍受。然而职员小静对这种现状实在无法忍受了，她决定在适当的时机向主管提出自己的想法。一次，小静要去做一件经理事先交代的事，这时主管走过来给小静安排其他任务，小静还没来得及解释，主管就开始发飙了。小静忍无可忍，等主管说完后对他说："你说的都很有道理，因为我们都要为公司的利益着想，但是有些问题是不能一概而论的。"之后小静将自己的意见非常坦然、有条理地讲了出来，最后主管接受了小静的建议，改正了自己的一些不足，使部门内部人际关系更加和谐，工作效率更加提高。

如果小静在给主管提意见的时候非常直接，那么主管一定没面子，当着其他同事的面直接指责是会伤害主管自尊的，那么即使小静提出的意见非常切实中肯，主管也有可能比较恼火而不听那些建议，从而使彼此间的关系更加紧张。因此，小静在提出建议之前先对主管的工作进行了肯定，承认他为公司的发展作出了贡献，这样一来，就为意见的提出进行了有效的铺垫，从而使主管对小静的意见进行仔细的考虑，帮助自己改正不足。

我们在与人沟通时要努力寻找每个人的优点，哪怕是一位乞丐、流浪汉，他们必定有优于你的地方。将他们的所有优点勇敢、坦诚地告诉他们，让他们清楚自己有多优秀。他们的优点，我们一生都习用不尽。但是人无完人，有些问题是显而易见的，这时再隐瞒就不合时宜了，而是应该比较真诚地提出来，在达到帮助他人改正缺点的效果后，别人是会怀着一种感激的心情来对待你的。不过，虽然提出建议是必需的，但是提意见的方式是有待斟酌的，是需要采用合适的方案的。

作为职场女性，尤其是领导者，不要一味采取劈头盖脸的批评方式，那些无明业火只会让下属找不到方向感，这样一来，不但不会达到让下属认识到错误的目的，反而会激起下属的不满情绪，使沟通更加困难。所以在准备给对方提出建议时，可以先对其进行肯定，比较平静地讲出道理，让其知道眼前的这个人是真诚的，并不是无理取闹，然后再针对其不足的地方进行诚恳的指正，从而进行良好的沟通，达到使对方却接受的效果。

温情言语表达对同事的关心

同事之间除了竞争还有合作，毕竟大家是为了一个共同的目标而走在一起的，所以平时不要只是把同事视作自己的竞争对手，他们同样是你的朋友，因此对同事的生活、工作、情感等方面给予一定的关心是很必要的。同事之间，也许因为一句话就结下了持久的恩怨，也许因为一句话就建立了良好的关系，所以注意和同事用一些温情的言语沟通，让同事感受到你对他的关心。

职场营生是一件很有难度的事，比如同事之间相处久了，新鲜感逐渐退却，彼此间的缺点开始暴露，随着彼此间熟悉度的增加，就会不自觉地忽略对方的优点，对彼此间的缺点很敏感，这是使工作陷入困境的征兆。那么这时就需要进行必要的调节，有的人会认为这需要投入大量的精力和时间，工作的时间被耽误了怎么办？其实这种担忧是没有必要的，正是因为人们之间没有过多的时间交流，所以无须太多的话语，其实，一句温情的关心或一句得体的建议，都会让同事感觉到你对他的重视，无形中增加对你的好感，从而达到调节作用。聪明的女人应该知道，在一个人疲劳、无奈、急躁的时候，需要他人的帮助，这时“加油，我们和你在一起”、“我很理解你，不过我更相信你会成功”、“需要帮助别和我客气，加油”等充满温情的话会给同事一种莫大的鼓舞，让他们感受到你的善意，增加对你的好感。

工作总是容易使人感到乏味、枯燥，使人心情糟糕，你会这样，你的同事也会这样。如果你能在一成不变的工作中加点“调味”，相信会使工作更为顺畅，同事间的关系也更加融洽，从而使自己变得更有吸引力。

张霞剪了一个新发型，她却非常不满意，几乎和理发师当场吵起来。当她极其不安地来到公司的时候，同事们都齐声称赞她新发型的清爽和简洁。张霞原来的怨气在这一片赞美声中全消了，心情变得大好，随后几天的工作都非常顺利。

张霞原本对自己的新发型是没有信心的，那么之后出现的转变完全是同事们对她的肯定产生了作用。同样的道理，发型不好看就如同工作中遇到了困难，这时对同事给予适当的关心，是能够帮助同事调节情绪的，这样不仅能帮助同事渡过难关，而且能促进彼此间的关系，使双方都获得良好的发展机会。

另外，别人对待你的方式，大部分取决于你对他们的态度。自己对待同事充满温情，同样，同事对待自己也会非常得体。有的女人总是抱怨同事对自己不热情、不友好，其实她应该先反省一下自己对待同事的态度。这就像面对镜子，如果镜子中的形象令你不悦，原因一定是你的脸上表现出了不悦。想要别人如何待你，你就先怎样待别人。所以平时要怀着一种平和的心态用温情的语言体现对同事的关心。

第14章　当众演讲，让掌声如影随形

当众演讲和发言是每个女人在工作和生活中都可能遇到的，一次精彩的演讲会为女人赢得认可和支持。一个能够站在演讲台上从容自若、侃侃而谈的女人，可以用自己的风采、语言、声音和气质去征服观众，获得赞赏，一个能够让掌声如影随形的女人，定是生活的赢家。

用独特的开场白抓牢听众的心

讲话的开头，是吸引听众的最佳时机。如果你一开始就没有抓住听众的兴趣，接下来的时间你将非常尴尬，因为人们的兴奋点不会持续很久。口才出色的女人总是在开场便一鸣惊人，她们会立即抓住听众的心。具体来说，下面几种技巧值得借鉴：

1．奇论妙语，石破天惊

听众一般对平庸普通的论调不屑一顾，倘若演讲者用别人意想不到的话语引出话题，制造“此言一出，举座皆惊”的艺术效果，就能达到吸引听众的目的。

多年以前，伟大的建筑学家弗朗克·赖特在匹兹堡做过一个演讲。他的开场白非常奇特，“这是我所见过的最为丑陋的城市”。此言一出，顿时令在场的每一位匹兹堡市民大吃一惊——他们从头到尾都认认真真地听赖特道出个中缘由。据说，当时所做的一项社会调查显示，匹兹堡市是整个美国最有吸引力的城市之一。赖特深知，如果开场白千篇一律，并不会引起听众的注意。他这种不拘一格的开场，的确收到了立竿见影的效果。

2. 即景生题，巧妙过渡

一上台就开始正正经经地演讲，会给人生硬突兀的感觉，令听众难以接受。不妨以眼前的人、事、景为话题，引申开去，把听众不知不觉地引入演讲之中。

1863年，美国葛底斯堡国家烈士公墓竣工。落成典礼那天，国务卿埃弗雷特站在主席台上，只见人群、麦田、牧场、果园、连绵的丘陵和高远的山峰历历在目，他心潮起伏，感慨万千，立即改变了原先想好的开头，从此情此景谈起：“站在明净的长天之下，从这片经过人们终年耕耘而今已安静憩息的辽阔田野放眼望去，那雄伟的阿勒格尼山隐隐约约地耸立在我们的前方，兄弟们的坟墓就在我们脚下，我真不敢用我这微不足道的声音打破上帝和大自然所安排的这意味无穷的平静。但是我必须完成你们交给我的责任，我祈求你们，祈求你们的宽容和同情……”

这段开场白语言优美，节奏舒缓，感情深沉，人、景、物、情是那么完美而又自然地融合在一起。据记载，当埃弗雷特刚刚讲完这段话时，不少听众已热泪盈眶。但即景生题不是故意绕圈子，不能离题万里、漫无边际地东拉西扯。演讲者必须心中有数，还应注意点染的内容必须与主题互相辉映，浑然一体。

3. 讲述故事，顺水推舟

用形象性的语言讲述一个故事作为开场白会引起听众的莫大兴趣。选择故事要遵循几个原则：要短小，不然成了故事会；要有意味，促人深思；要与演讲内容有关。

1962年，82岁高龄的麦克阿瑟回到母校——西点军校。一草一木，令他眷恋不已，浮想联翩，仿佛又回到了青春时光。在授勋仪式上，他即席发表演讲，他是这样开的头：“今天早上，我走出旅馆的时候，看门人问道：‘将军，你上哪儿去？’一听说我要去西点时，他说：‘那是个好地方，您从前去过吗’？” 这个故事情节极为简单，叙述也朴实无华，但饱含的感情却是深沉的、丰富的。既说明了西点军校在人们心中非同寻常的地位，从而唤起听众强烈的自豪感，也表达了麦克阿瑟深深的眷恋之情。接着，麦克阿瑟不露痕迹地过渡到“责任——荣誉——国家”这个主题上来，水到渠成，自然妥帖。

用真实的情感感染听众

在生活中，向陌生人介绍自己的时候，真实充沛的情感亦是不可少的，因为别人可以从你语言中流出的情感判断出你是否坦诚，用真实充沛的情感感染人往往能给人留下一个真诚、可靠的印象。

对女人来说，用真实充沛的情感感染人更是通向成功的金钥匙；在说话前，先把说话内容梳理一下，然后把最能感动听众的真实细节通过自己的语言表达出来，这样才会让人觉得你是一个有内涵的花瓶，而不是一个空瓶。

小雪和小红在一家外资企业的同一个部门上班，两人每年的业绩都被上级评为优秀，而且两人在公司的人际关系也都很好；最近由于公司有一部门经理退休了，所以公司决定面向全体职员公开招聘这个空缺岗位；听到这个消息后，小雪和小红都报名了。

在竞聘会上，小红是这样演讲的：尊敬的各位领导及同事，大家上午好！我是销售部的小红，我在公司已经干了5年了，在这五年期间，我获得过销售部“先进个人”称号，获得过“最佳营销人员”……小红一口气把自己在公司这五年来获得的奖励一一说了出来，而台下有的领导竟然打瞌睡了，同时销售部的经理也在回想有没有哪个奖项是小红自己无中生有的。

小雪见此情景后，自信地走上演讲台，发言道：尊敬的各位领导及同事大家上午好！我是销售部的小雪，我在公司已经干了5年了，在这五年期间，一直得到过销售部的张经理、人事部的李经理、技术部的王经理以及其他领导的关心和帮助，我在此要真诚地感谢他们！记得在金融危机爆发后，公司的销售业绩大幅下滑，正在大家信心全无的时候，公司领导特别是张经理在精神上给我们打气，在生活上关心困难职工，在业务上耐心地给我们指导，最终我们渡过难关，在全国经济萧条的情况下，我们公司销售部的业绩却能够稳步上升……

小雪重点介绍了自己取得的几项成绩，她每介绍一项成绩之前，都要把获得成绩的经过，特别是某些感人细节都说出来。

最后，小雪以得票最多而当上了部门经理。

案例中，小雪和小红同在一个部门，有着同样优异的业绩和良好的人际关系，但是竞聘结果却不一样，为什么呢？原因是小雪能够从容地通过自己的真情实感感染了台下的领导，让他们觉得真实可靠，最后获得了期望已久的经理职位。可见，说话的时候饱含真情，用真实充沛的情感去感染每一个听众是非常重要的。那么，对于女人，如何做到这一点呢？

1.说话最好饱含情感

说话的时候要用自己的真心、诚心去感染听众，而不是用华而不实的话去敷衍听众；换位思考一下，如果你自己是一个听众，别人对你总喜欢说一些华而不实的辞藻，相信你也会反感的。言语中饱含真情，传递的不仅仅是信息，更主要的是情感。作为女人，更要擅长情感的流露。要运用好这个武器，每一句话都饱含真情，让别人为你而感动。

2.说话不妨坦诚一些

任何事物都有正反两面，人类亦不例外。人无完人，孰能无过，交谈中除了要讲自己的优点外，还要谈谈自己的不足，这样才能让人觉得你是一个完整的人，而不是一个喜欢卖弄的人。实际上，谁都不喜欢听一些空话、套话。因此说话的时候，不妨坦诚一些，你的真情流露会感染别人的情绪。对于女人来说，要善于真诚地把话说到对方内心最柔软的地方，继而引起对方的情感共鸣。

3.说话要说到他人心坎上

在生活中，你会发现有些人滔滔不绝了半天，听众个个无精打采，相反，有些人只说一两句，便能够引起听众的共鸣。原因是，后者能够把握住别人究竟喜欢听什么，然后把话说到别人的心坎上，一语奏效。事实上，只有你所说的是对方想听的，才能勾起对方想要听下去的欲望。否则你所说的话便没有任何意义。因此，对于女人来说，说话的时候要饱含一些感情，把你的每一句话都说到对方的心坎上，感染别人的情绪。

明确表达观点，例证真实又鲜活

在交际用语中，每个人说的话都有一定的观点，有些人喜欢用含糊其辞的话语让别人去猜她的观点；有些人爱憎分明，明确表达自己的观点，并且用真实而鲜活的例子来论证；相比之下，前者令人头疼，这样的发言者很难在短时间内获得别人的认同；后者往往能够让人更赞同一些。

小芸今年29岁了，还没有找到合适的对象，所以现在她很烦躁，父母也替她担心。

有一天，她遇到了高中同学小丽，小丽跟她谈起了自己幸福的婚姻，而小芸只能暗暗羡慕；了解了小芸的现状后，小丽给她出了一个点子：让她下次相亲的时候要突出自己的个性，明确表达出自己的爱憎，然后附上真实又鲜活的例子，必能马到成功；小芸半信半疑地听着。

不久后，恰巧村外有一个优秀的青年从城里打工回来了，家里人急忙去联系，然后安排了一次相亲。相亲时，小芸想起了小丽说的话，抱着试试看的态度和青年交谈起来。

互相寒暄之后，转入正题，青年问："你今年多大了？"

小芸说："29岁了，虽然我的年龄有点大，但是我做事稳重、可靠。"

青年半信半疑地听着。

小芸见此情形，微笑着说："记得有一次，村里发洪水，很多邻居的房屋都被水淹没了，由于村里面的青年大部分都出去打工了，安置受灾村民的人手不够，那时我正好在家，所以就主动向村长请求安置受灾村民，村长犹豫了一下，然后同意了。"

青年饶有兴趣地倾听着。

小芸接着说："我用筹款买了很多帐篷和方便面，然后组织留守村民和我一起搭起来，那天夜里那些受灾的村民不再露宿野外，他们和我一起吃上热气腾腾的泡面。"

青年一边听一边点头称赞，听完小芸的叙述，青年继续问："能不能介绍一下你的文化程度？"

小芸微笑着说："以前由于家里经济条件不好，所以读完高中就辍学了，现在经济条件好了，我开始自考专科、本科，正在申请本科学士学位，以后还想读研。"

听完小芸的介绍，青年也把自己的详细情况向小芸和盘托出。

两个月之后，小芸和那个青年领了结婚证，家人给他们操办了喜酒。

在这个案例中，小芸展现给青年的是一个鲜明的形象：有爱心、办事稳重可靠、积极向上；小芸选取的也是鲜明而感人的真实故事，讲出来更让人觉得可信。因此，对于女人来说，明确表达自己的观点，并用真实而鲜明的例子来论述是可以取得预期效果的。那么，如何才能做到这一点呢？

1.明确说话目的

每个人说话或者做事会或多或少带有一定的目的，在说话前只有明确自己的目的，后续工作才能朝这个方向展开。否则，自己就像在大海中心失去航向的小船，不知该驶往何方。比如案例中的小芸，她想在青年的心中树立一个有爱心、办事稳重可靠、积极向上的鲜明形象。具体而言，在说话的时候，最好旗帜鲜明地表达出自己的观点。

2.善于挑选例子

如何挑选论证观点的例子，关系到你的观点是否有说服力和感染力；例证最重要的一条原则就是真实。在实际生活中，选取的例子最好是听者都熟悉而且比较认同的，这样听者才不会怀疑你的观点的正确性。例证还有一条重要的准则就是要鲜活，最好选取那些为听者所熟知而且感兴趣的话题，比如案例中的小芸列举的村里发洪水的事情，这件事情对青年来说并不陌生，而且还很感兴趣。

3.加强实际练习

理论再好，也需要实践的检验，同理，加强练习是锻炼自己在和别人说话时明确观点，善用鲜活例子的重要手段。具体来说，一方面，自己可以对着镜子练习，既把自己当成演讲者又把自己当成听众；另一方面，可以多和别人交谈，在交谈中试着用鲜活的例子来论证自己明确的观点。

言简意赅，切忌啰唆冗长

在生活中，你仔细观察就会发现，说话言简意赅的人说出的话，人们往往会记得很牢；说话啰唆冗长的人说出的话，人们不仅记不住，而且还很反感她。

王大姐是一个热心肠的人，平时邻居之间有矛盾她就喜欢主动去化解，村里面因为她的存在而增添了不少和气，人们都说王大姐化解纠纷有妙招，但是村民很少能学得会，据说法庭的调解员还曾向她讨教过高招呢。

有一次，邻居李大爷家的两个儿子因为财产分割而闹得邻里不安，大

家都束手无策，这时候王大姐出来了，她首先不是去劝说，而是认真倾听各方的说辞，之后找到两兄弟争吵的核心问题：财产分配不均。

找到焦点问题后，王大姐劝说道："老大，看在你的兄弟常年患病，而且平时对父母也很孝顺，对你也很尊重的份上，你可以适当让一步。"

老大不服气："我的负担也很重，我让一步，谁来让我？"

王大姐说："是兄弟情分重要，还是财产重要？"

老大低头沉默了。

劝说完老大，王大姐对老二说："你大哥已经成家了，负担又很重，平时对你也很照顾，你也要体谅你大哥。"

老二很委屈地说："我的身体不好，财产少了怎么生活？"

王大姐说："财产再多也会有用完的一天，但是兄弟情分是用不完的，况且你的财产用完了之后你大哥也会照顾你。"

老二也不再说什么了。

就这样兄弟二人和和气气地把财产分配了。

王大姐抓住两兄弟争论的焦点后，迅速各个击破，几句话就平息了一场争吵。

案例中，王大姐之所以能够成为化解纠纷的"名人"，其中最重要的一点就是：她能够找到别人争论的焦点，然后有的放矢，通过简洁而不简单的语言把矛盾化为乌有。如果王大姐当时不分青红皂白，那么不仅化解不了矛盾，而且还会火上浇油。因此，言简意赅对于喜欢发言的人，特别是女人来说，是相当重要的。既然如此重要，我们怎样做到这一点呢？

1.迅速找准中心

对于我们芸芸众生来说，迅速找准矛盾的核心是基础；如何做到这一点呢？可以通过由表入里的分析法、因果推断法等。比如案例中，王大姐通过兄弟二人的争吵内容，从果索因，得出二人争吵的焦点是财产分配不均。

2.快速组织语言

快速组织好语言，可以让你的发言有条不紊，听者一下就能够知道你说话的逻辑结构。因此，快速组织语言是关键。如何才能快速组织语言呢？在宏观上，可以通过时间先后顺序、前因后果法等逻辑顺序给自己说话的大体内容排序；在微观上，可以通过提主干法，迅速组织好每一句话的主干，然后适当地添枝加叶即可。

3.细心挑选要点

要想使说话不啰唆，其实只需拣重点说就行，而次要的内容，要么不提，要么一言以蔽之，只有这样才能保证你的发言在最短的时间内收到最好的效果，否则，即使你滔滔不绝半天，听众也不知所云。案例中的王大姐找到兄弟情分比财产更重要这个要点，就迅速地说服了老大。所以细心挑选要点是一项重要的工作。

4.加强持久练习

世上无难事，只怕有心人，只要你坚持练习，假以时日，你说话时是可以达到言简意赅的程度的。古往今来，多少口才高手，无不是在和别人的唇枪舌剑中练成的。因此，加强持久的练习是手段。具体来说，可以通过辩论赛、讨论会以及演讲的方式来练习。

一两句精彩的话，赢得满堂彩

现在，全民式的演讲早已索然无味。与其如此，不如精心策划，把自己的意思浓缩成一句精华，浓缩成一粒沉甸甸的石子，在听众心中激起层层浪，同时给听众留下深刻的印象。

下面几个一句话演讲的成功例子，让女性朋友们聊以借鉴：

1.借物言志

飞机的发明者莱特兄弟，不善交际，很讨厌演讲。在某次盛宴上，主持者邀请大莱特发表演说，大莱特为难地说“一定是弄错了吧，演说是由舍弟负责的。”小莱特则站起来顺水推舟道“谢谢诸位，家兄刚才已经演说过了。”经过人们的再三邀请，大莱特只说了一句话：“据我所知，鸟类中会说话的只有鹦鹉，而鹦鹉是飞不高的。”顿时博得了人们热烈的掌声。

从自己的不善言说，联想到鹦鹉，再联想到飞不高的鹦鹉和自己事业的冲突，可谓精彩俱在这一句当中。

2.引申，以小引大

第一位登上月球的宇航员阿姆斯特朗的“登月演说”只有一句话：对一个人来说，这是一小步，但对整个人类来说，这是跨了一大步！从微小的行为，引申出深刻的影响和意义，是其最精彩之处。

3.借前一位演讲者的话

如果前一位演讲者已经进行了长篇大论，不妨借借他的行为，不再多言。

马克·吐温曾在一次前一位演讲者20分钟的演讲后，面有难色地告诉听众：“诸位，会前我和琼西·M.得彪老师交换了演讲稿，以是诸位方才听到的是我的演讲，衷心感激诸位仔细地谛听及热情地恭维，但是，我找不到对方的演讲稿，无法替他讲了，请诸位包涵我坐下。”

林语堂也在某次前一位演讲者令人昏昏欲睡的长时间演讲后，说道“绅士的演说应该像女人穿的迷你裙，越短越好”，然后鞠躬下台，赢得了热烈的掌声。

4.即兴演说

我国著名学者马寅初先生，曾经参与中文系郭良夫老师的结婚典礼，并应邀演说，马寅初先生在关键时刻灵机一动，来了个一句话演讲：

根据新郎大名，想请新娘放心。就一定是位好丈夫。起初人们莫名其妙，后来一联系新郎大名，才恍然大悟：良夫，不就是善良美好的丈夫吗？于是都开怀地畅笑起来。

应时应景的一句话演说，往往妙语天成，经常取得意料之外的效果，女性应灵活应变。

5.一语中的

演说只讲主题，一语中的不啰嗦。

我国著名新闻记者、政治家、邹韬奋先生曾于祭奠鲁迅先生大会上发表的一句话演讲：

我用一句话来纪念先生：许多人是不战而屈，鲁迅先生是战而不屈。

巧妙地运用了鲜明的对比，抓住了鲁迅精神的要点。

掌握好演讲的语速

我们不是播音员，不需要那么专业的语音技巧，但是，也应该做得更好一些才是。如果你经常在同事或下属面前讲话，说话的声音就显得很重要了。

1．演讲的语速

语速的变化，应当是自然的，顺畅的。只有语速适宜，快慢有致，才能有效地传达情意，让听众感到优美悦耳。正像人走路有快有慢一样，人的说话语速也可以快一点或慢一点，快慢相间，变化有致，给人一种变化的美感。假若一个人的语速就像做机械运动一样，总是一个速度，一个节奏，那不仅不利于表情达意，而且还令听众感到枯燥呆板，索然无味。

梁启超自谓“笔锋常带情感”，其实在他的言谈讲演中所带的情感不知还要强多少倍。清华学校有一次邀请梁启超做演讲，题目是《中国韵文里表现的情感》。他演讲到高潮处，便成为表演了，手之舞之，足之蹈之，有时掩面，有时顿足，有时狂笑，有时叹息。当他讲到最喜爱的《桃花扇》中“高皇帝，在九天，不管……”那一段时，他悲从心中来，竟痛哭流涕而不能自已。掏巾拭泪时，台下听众也大多泣下沾巾了。

演讲中当然也存在语速问题。凭借语速变化这种技巧，你可以使听众的喜怒随着你的好恶而变化，即使平铺直叙的枯燥沉闷的内容，经过你的处理，也会变得异常吸引人。那么，演讲中的语速应如何把握呢？

（1）语速适中：当表达一般的内容时，语速要适中，既不要太快，也不要太慢。

（2）语速加快：当表达热烈、兴奋、愤怒、紧急、呼吁等思想感情时，语速应尽量快。

（3）陡然加快：当内容达到精彩的高潮时，或为制造结尾“戛然而止”的效果而蓄势时，语速有一个陡然加快的过程。但要注意，加快语速并不意味着一口气说完，如果句子较长，喘不过气来，反而会影响效果，得不偿失。

（4）减慢语速：当内容涉及极为严肃的事情，想要给人一种深深警醒、撞击心灵的效果时；当表达怀念、悲伤、失落、失望的思想感情，特别需要唤起听众注意时；演讲者在自己的讲述中欲作特别强调时；有关数字或统计、人名或地名的交代之处；故设疑问引人思考之时，都需要减慢语速，给听众一定的思考时间。

语速变化还要考虑到语言自身的特点。如句式冗长、词汇生僻时，语速不宜过快；如果是整齐、富有韵律色彩的语句，说得快些，才听得顺耳，听得出节奏感。

2. 演讲中的停顿

停顿就是指一句话、一段话中，演讲者有意换气或进行长短不等的时间间隔。这种停顿，既是人的生理上的需要，同时，也是表达思想感情的需要，因为它可以把某种相对独立的意思同另一种意思分开。从听众的角度讲，听话时也是非常需要停顿的，因为从耳到心，需要传递的时间，总要在头脑中“转一转”才能心领神会。假如说话时没有停顿，像“连珠炮”一样，无论是演讲者还是听者都难以忍受。

一般来说，停顿有三种：自然停顿，即词语或句子间的自然间隔；文法停顿，即讲稿中出现停顿符号；修辞停顿，即出于某种修辞效果的需要而作的停顿。

停顿是演讲中一种非常有效的表达艺术。演讲中恰当地运用停顿艺术，不但不会使演讲散乱，反而能使整个演讲起伏跌宕，给听众一种美的享受。

令人回味的收尾，为演讲增色

俗话说“编筐编篓，重在收口”，演讲的成败在相当程度上取决于收尾的方式，巧妙而有深度和力度的收尾，更耐人寻味。言简意赅、余音绕梁的收尾能够使听众精神振奋，并促使听众不断地思考和回味。那么，怎样才能给听众留下深刻的印象呢？美国作家约翰·沃尔夫说：“演讲最好在听众兴趣到高潮时果断收束，未尽时戛然而止。”在演讲高潮，听众的注意力和情绪都处在最佳状态时收束，听众就会感觉余音绕梁，印象往往特别深刻。

演讲一般有以下几种方式，更耐人寻味：

1.点题式

文章收尾时点题，重新突出一下演讲的中心论点，或者与开头相呼应，更能让听众重视你的主张，以便留下深刻的印象。

1989年，西班牙的卡米洛·何塞·塞拉·特鲁洛克获诺贝尔文学奖，他在颁奖仪式上的演讲题目为《虚构颂》，是这样收尾的：“通过努力和想象，人最终可以成其为人。在这种很大一部分尚未完成的事业中，虚构在任何时候、任何情况下都是一个决定性的工具：在通向自由的无尽的征途上，它能够给人们指引方向。”结尾时，回归主题，将他的文学主张重重地烙在了人们的心里。

2.号召式结尾

演讲者在结尾时如果能以充满激情、热情奔放的语言表达出自己的思想主张，引发听众感情上的共鸣，对听众的理智和感情进行呼唤，表达出自己的希望和号召，鼓舞听众振奋精神，付诸行动，那么演讲就能取得非同凡响的效果。“让我们……吧！”式的结尾，往往能取得激情四射、鼓动人心的效果。

3.结尾引发高潮

即整个演说逐步向上发展，在结尾时达到高峰，句子的分量也越来越在结尾时达到最高点，要简洁有力，余音绕梁。演讲本身是一种思想和激情的燃烧，在高潮中收尾，最容易使听众心中激起感情的浪花，给听众以极大的鼓舞和力量。

如梁启超在《少年中国论》是这样结尾的：“少年富则国富，少年强则国强，少年独立则国独立，少年自由则国自由，少年进步则国进步，少年胜于欧洲，则国胜于欧洲，少年雄于地球，则国雄于地球。红日初升，其道大光……纵有千古，横有八荒；前途似海，来日方长。美哉，我少年中国，与天不老！壮哉，我中国少年，与国无疆！”使听众对中国少年的前途充满了希望。

4.引用名言警句结尾

通过引用名言、警句、谚语、格言、诗句等作为结尾，不仅使语言精练、生动，富有节奏和韵律，而且还可以使演讲的内容丰富充实，为演讲的主题思想提供一个有力的证明，使听众在联系和印证中得到更深的启发，更富有感染性和启发性。

5.援引式收尾

有力地援引别人的话，或者以事情的最终结果作为结尾，可以使整个演讲更有说服力，更有力度。如英国前首相戈登·布朗盛赞美国总统奥巴马的演讲技巧时，是这样结尾的：“奥巴马演讲时，他给予听众信心——不是对奥巴马的信心，而是对听众自己的信心。据说当西塞罗演讲时，人们说‘这是伟大的演讲’。但当德摩斯梯尼演讲时，他们说，‘让我们游行吧’”。

有力地援引了听众听完演讲的语言和举动“让我们游行吧”说明了其演讲何其精彩和鼓舞人心，更有力度、更耐人寻味。

6.凤头豹尾

即演讲时首尾相呼应，互相照应，互为支撑，更能引发人们的深入思考。比如以一个好的故事开篇，不妨将故事结尾留在演讲结束时。比如：“还记得我一开始告诉你们的、那个富有才华的理科大学生吗？上周，他的一项医疗设备获得了专利，明年该设备将能挽救两万人的生命。”

第15章　甜蜜情话，婚姻中用言语滋养爱意

有人说婚姻是爱情的坟墓，因为随着婚姻生活的展开，双方的感情可能会随着时间慢慢变平淡。但是婚姻也可以一段更为奇妙的旅途开始，因为如果双方都为了彼此的感情维系而努力，那么婚姻生活是充满爱情的，是会让双方感到幸福的。这里面主要讲究一个技巧，那就是用言语滋养爱意，从而使爱情更加甜蜜，婚姻更加幸福。

给男人以“积极暗示”，让他变得更优秀

在我们的感情生活中，有一个非常有趣的现象，即男人们的自我评价大部分来自妻子对他们的看法。如果妻子说他经常不守时，不懂得理财或者穿着邋遢，那么丈夫在某种程度上就会认为自己是这样的人，因为他相信妻子是这个世界上最了解自己的人，她的说法不会有错。

有个小故事，充分证明了这个观点。一次家庭宴会之后，丈夫帮助妻子收拾碗筷时，妻子想起了多年前的一件小事，就转身对她的一个朋友说：“小心！他常常会端不住碗，把汤洒得到处都是。”结果果然被她言中了，丈夫似乎是按照妻子的“旨意”去做的，当然，妻子并不希望他出

错，但是丈夫却感觉到无论怎样这个错误都会成为事实。

有些妻子随时都要给丈夫一些提示，当然，她们的出发点是好的，这也是为了匡正丈夫的行为，不让他出乱子，但结果往往不尽如人意。

向丈夫传达出负面暗示不仅使他受到伤害，而且对于我们来说也不会有任何收效。如果你认真审视一下你们之间的关系，就不难发现这些负面暗示从未起到任何作用。在你明确地指出他的不足之后，他并没有花更多的时间陪孩子，没有比以前更频繁地去看医生，也没有就此改掉一些不良习惯。通常情况下，当一个人丑陋的一面被揭开时，他是不会试着改变自己的。他不过是心不在焉地配合一下，更糟糕的是，他会很反感并按相反的意思行事。当你习惯了使用这种负面暗示的方法和丈夫相处时，最终会导致丈夫产生逆反情绪，使事情越变越糟。

相反，来自妻子的积极的暗示，却可以帮助丈夫找到自信，充分挖掘出自己的潜力。

因为单位不景气，小米的丈夫下岗了。他先是卖了一年报纸，后来发现经销图书很有发展前景，就开了一家书店。事业刚起步，一切都很艰难，但小米却没有忘了给老公打气。当着亲朋好友的面，她总是自豪地说："以前，我真不知道他这么能干，其实，他过去只是没有发掘自己的才华而已。现在好了，他在这个行业里如鱼得水，我真佩服他掌握的行情那么准，捕捉的信息那样多，对读者的需求把握得那么好，进的书总是畅销，总是供不应求……"毫无疑问，妻子的夸奖，帮助丈夫树立了良好的形象，从而激励着丈夫把书店的生意做得更好。

当丈夫的事业走向正轨时，小米就成了他的福星和宝贝，不论他去哪里应酬，如果允许，他都带着小米，如果不带她前往，10点之前，定会回家。

对丈夫表现出信任是负面暗示的对立面，当丈夫看出你相信他会在事业上取得成功、会照顾好孩子、会明智地进行投资时，他不会忍心让你失望。

当你给予丈夫充分的信任时，即使你的信任看起来有些过火，但只要是信任就会激发丈夫的潜力，同时唤醒他对你本能的温存。这时，你会觉得自己当初决定嫁给这个男人是正确的，他也会给予你更多的快乐和宠爱。

撒娇让生活有滋有味

“娇”是女人的天性，不会撒娇的女人在男人的眼里好像缺少点女人味。凡是女人均会使用这一技法，也最善用这一技法。使用这一技法，无坚不摧，无往不胜，在男人面前屡试不爽。“娇”是小鸟依人，“娇”是女人俘获男人的迷魂剂。男人的虚荣心在“娇”这一技法面前会暴露得淋漓尽致，会使男人迷失本性，自以为赢得了芳心，实质上已落入女人的温柔陷阱里。

从男人和女人的心理特点来比较，男人与刚性相连，具有侵占和保护性，而女人与柔性相连，具有接纳和被保护性。如果女人身上需要被保护的特质逐渐消失，男人无法在女人的身上实现自己的保护人角色，那么不和谐也就应运而生了。当一个个钢铁女子在婚姻的围墙内纷纷倒下，惨败而归时，撒娇的艺术难道不应该引起女人的重视吗?

撒娇是家庭矛盾的缓冲剂，如果一个女人在心血来潮时，买了一件昂贵的衣服，而她的老公正在为房子的贷款而加班。面对老公怒气冲冲的指责，如果女人撒娇道：“呜呜，你干吗这么凶，人家也不知道嘛，老公你好凶，我也是想打扮漂亮一点让你看嘛。”男人一定会被嗲声嗲气征服，一场矛盾就这样小事化无了。你看，这就是撒娇的好处，聪明的女人一定要学会哦。

撒娇之所以成为对付男人的武器，就是因为男人喜欢。男人喜欢温柔甜美的女人，喜欢顺从乖巧的女人，更喜欢会撒娇的女人。而女人在自己的老公面前，无疑都是美女，于是，撒娇作为锦上添花的装饰，是平淡生活不可或缺的调料。

男人面对竞争，面对着越来越冷酷的世界，他们不得不坚强面对一切。为了支撑一种山的威严，他们不知道忍受了多少痛苦和失败。他们从来不把痛苦写在脸上，也从来不把失落带给家人。但是，他们却需要一种家庭温暖来安抚他们的创伤，在艰难的人生旅途中获得轻松，感受到快乐。

这个时候，女人们撒撒娇，把爱意蕴藏在憨态可掬的娇声娇气里，让自己孩子般的举止来衬托男人的成熟、男人的风度，让他们的保护欲得以发挥。如此，他们就会重新认识自己，就会产生新的动力、新的生命力。

曾经有一档电视节目讲了日本的电影明星小野浩二和太太新婚期间发生的事情，那是一段感人的故事，也是令人感动的回忆。

当时的小野浩二还不是什么大牌的明星，他只是当时女星藤原纪子的助手。结婚的时候小野浩二和妻子都只有二十出头，两手空空。他们勉强租了间公寓开始了新生活，但是连多买一条棉被的钱也没有，两个人就卷着一条旧棉被睡，生活异常艰苦。

有一天晚上，两人像往常一样卷着一条棉被睡觉，小野浩二感觉妻子用手指头在他背上写着什么。仔细一琢磨，原来是个“爱”字。妻子在小野的背上写了满满的“爱”，这令当时一无所成的小野十分感动，发誓一定要加倍努力，让妻子不再过这种生活。最终他在妻子的帮助下成为日本炙手可热的明星。

撒娇的女人并不是无知的、无能的，也不是依赖的、软弱的。撒娇是女人最温柔的手，她们用这双手拨弄着生活浪漫而温馨的琴弦。

无论时代如何发展，撒娇，终究只能是女人的专利和武器。撒娇不仅是女人的一种魅力，更是女人的一种享受，是女人对生活的另一种理解。它可以使女人永葆青春，可以使男人洗掉心灵上的尘埃，享受生活中的幸福。

撒娇固然可以增加生活情趣，促进感情，但万事物极必反，过犹不及，撒娇太多太滥也不行：其实女人对男人撒娇，无非是想博得他行动或

是语言上的怜爱，如果他已经有所表示，那聪明的女人就要懂得见好就收。若是得了甜头还不收手，继续一味地胡搅蛮缠，就会令男人心生厌烦。因此最有效的撒娇，就是懂得收放自如，进退有度，这样才能风险最小回报最大。

甜蜜的感情，需要善意的谎言

“爱一个人，就要爱他的一切，包括他的缺点。”这话听起来虽有些拔高的嫌疑，但却阐释了一条爱情的真理。当一个女人选择了一个男人作为终身伴侣，她就和他踏上了同一条船，两个人只有相处愉快，配合默契，这条小船才能更平稳，划得更快。若一直疙疙瘩瘩、别别扭扭，小船就容易搁浅，最终两败俱伤。

再坚强的男人，也需要女人温柔的力量的抚慰。一个好女人可以改变一个男人对自己的整个看法，使他变得更优秀。

汤姆·乔斯顿在战争中受了伤，他的一条腿有点残疾且疤痕累累。幸运的是，他仍然能够享受他最喜欢的运动——游泳。

一个星期天，他和他的太太在汉景顿海滩度假。做过简单的冲浪运动以后，乔斯顿先生在沙滩上享受日光浴。不久他发现大家都在注视他。从前他没有在意过自己满是伤痕的腿，但是现在他知道这条腿太惹眼了。

第二个星期天，乔斯顿太太提议再到海滩去度假。但是乔斯顿拒绝了——说他宁愿留在家里。他的太太却说：“我知道你为什么不想去海边，汤姆，”她说，“你开始对你腿上的疤痕产生错觉了。”

“我承认了我太太的话，”乔斯顿先生说，“然后她向我说了一些我将永远不会忘记的话，这些话使我的心里充满了喜悦。她说：‘汤姆，你腿上的那些伤痕是你的勇气的徽章，你光荣地赢得了这些疤痕。不要想

办法把它们隐藏起来，你要记得你是怎样得到它们，而且要骄傲地带着它们。现在走吧——我们一起去游泳。’”

我们都希望，自己爱上的男人像施瓦辛格一样有着发达的肌肉，像日韩明星一样有着英俊的面孔，但是说出来，无疑让他伤心悲叹、自惭形秽。告诉他，你喜欢他软软的啤酒肚，因为它让你在冬天感觉到春天般的温暖。告诉他，你喜欢听他夜里打鼾，这样你会感到安全。如果你爱他，就告诉他，你欣赏他的一切，他的缺点就是他的特点。你爱的就是他，他不必为了和你在一起而作出任何改变。

当下有很多少年得志，腰缠万贯的男人，可你的爱人只是一个囊中羞涩的打工仔。你爱上他，不是因为他的存折，而是因为他的本身。因为他健康、勤奋、幽默、善解人意而又忠实可靠。你选择他是因为你认为他是潜力股，他会富起来，他会让你的后半生过上幸福的生活。没错，这是你的如意算盘。可现阶段他的确没有给你买房、买车的能力，为此他时常向你道歉，抱怨自己没本事，让你受苦。此刻，无论如何你要编出一个美丽的谎言：“我真的不介意你有多少银子。”

在你面前，你的伴侣总有些盛气凌人的感觉。突出的表现是在和你谈天论地的时候总是喜欢争论，而且一定要一争高下。当然如果你高他下，他肯定不会停止，他会在马路上突然提高音量，为了电影中某个角色的演技优劣和你较劲。此刻，提高音量和他针锋相对显然是不明智的，你需要给男人一点面子，哄哄他。暂时的退让是为了日后更好地取用，男人总自以知道一切、控制一切，可真正有实际控制力的是女人，女人总能不动声色地操纵着全局。所以，你别和他计较了。

生活中的摩擦不可避免，女人要明白，有一些善意的谎言可以减少矛盾的伤害，甚至拉近你们之间的距离。做一个聪明的女人，才能在两性关系中对男人更有吸引力。为了让男人更爱你，为了让你们的关系更紧密，你必须给予你的伴侣积极的影响。

无论说什么，先给男人留足面子

男人都是十分好面子的，所以作为女人，尤其是妻子，在他人面前给自己的丈夫留足面子，可以让男人感到自己的妻子非常体贴，有一种莫名的幸福感，同时也会对自己的妻子更加关爱。所以一个懂得给自己男人挣面子的女人，肯定会得到男人的欣赏和疼爱。下面就介绍几种具体的方法为聪明的女人支招：

1.公共场合

到公共场合活动是夫妻双方不可避免的一种情况，然而很多时候，女人喜欢陪自己的男人去一些人流密集的地方，而男性并不喜欢这样做。因为男人们会根据具体的情况进行分析，如果自己的妻子是一个体贴的，能够在众人面前给自己脸上贴金的人，那么他们当然愿意到各种公共场合以显示自己的风采。但是如果自己的妻子不懂人情世故，随随便便在自己面前撒泼，那么男人一定会感到头疼，就更别提愿意让女人陪着自己去公共场合了。

2.突发情况

生活不是按照自己的想法展开的，所以生活不会是平平淡淡，而是会出现各种各样的突发情况。女人平时要做好这方面的心理准备，一定要处理好这些突发情况，让男人感到非常有面子，这样做不仅会给男人一种惊喜，而且会让男人印象深刻，哪怕只有一次，也会历久弥新。作为女人，千万不要在突发情况发生时大呼小叫，而要相信自己的男人能够很妥当地处理突发情况，你越是沉得住气就越给男人面子。男人也是人，不要认为男人就理所应当保护女人，有时候女人适当地保护男人可以一举多得。

3.着装打扮

作为一个女人，把自己打扮得十分得体，对男人来说也是一件挣面子的事情。因为，每个人都有一种比较的心理，会拿自己的妻子和别人的女人比，如果发现妻子比其他女人打扮得漂亮得体，那么自己心里也会产生一种优越感，感到很有面子。穿衣打扮谁都会，但是做到得体是需要讲究技巧的，如果你做到了这一点，男人会在你有求于他时毫不犹豫。

男人爱面子，通常会被一种很强的自尊心所驱使。对于男人来说，你什么都可以动，千万不要伤其自尊心。一旦男人觉得自己失了自尊，那么，他会感到在众人面前抬不起头，这对一个男人的伤害是致命的。要想做一个成功的女人，就必须学会如何给自己的男人挣面子，这其实是一门非常深的学问，而且很有难度，因为不是所有女人都能够修炼成的。

适时骄横，野蛮女友照样俘获男人心

想必很多人都看过韩国电影《我的野蛮女友》，由全智贤扮演的野蛮女友最终获得了真爱，和男友过着开心而幸福的生活。都说男人不坏，女人不爱，其实男人也如此。女人有点坏，男人会觉得更可爱。当女人由平时的温文尔雅变得十分骄横时，会让男人难以捉摸，便会怀着极大的好奇心去了解，所以有时候女人越是难以捉摸越是能够俘获男人的心。

在人们的眼里，野蛮的女友被理解为任性，自己想怎么样，男友就应该怎么样，而不能违背自己的意志，否则就会撒泼，表现得十分霸道。或者平时想说什么就说什么，口无遮拦，而且毫不考虑男友的感受，如果男友持反对意见，就对男友拳脚相加。有些人从心理学角度分析，野蛮女友的性格可能是由于幼时乃至成人后总缺乏安全感，进而演变为一种极端行为。两个人相处，如果长期处于这种状态，那么男方真的需要极大的耐心和毅力，否则就会出现情感危机，但是如果女方平时温柔体贴，偶尔骄横一下，是可以促进双方感情的。

俗话说：“一个成功男人的背后都有一个贤良淑德的女人。”很多时候，一个男人总是对他的女人很宽容很有胸怀有可能培养出好男人，相反，一个女人对她的男人总是很宽容很有胸怀肯定会培养出一个坏男人。如果一个女人一成不变，会让男友感觉没有新鲜感，感觉逐渐减弱，情感也会随之降温。所以女人适时地野蛮骄横可以成为双方情感的调节剂，在平时的和谐相处中野蛮一次，会让彼此间的感情有起伏，从而增添了情趣，使双方的生活更加甜蜜。

单看“野蛮”二字似乎会和残忍、血腥联系在一起，但如果把它和“女友”联系在一起，感觉就大相径庭了。所以适时地蛮横一下，有助于讨男友的喜欢，俘获男人的心。

说点傻话，让男人觉得你需要保护

虽然聪明的女人能够让男人比较轻松，能够给予男人更多的帮助，但是如果女人太精明了，就会引起男人的注意，甚至是戒心。所以女人平时要能够洞察出自己男人的一些细微变化，从而采取相应的应对措施，让男人觉得温馨、体贴。同时也要注意在合适的时候说点傻话，装一装傻，让男人觉得自己的女人也需要保护，从而多些呵护和关心，这样一来，两个人的感情就会与日俱增。

首先，傻傻的女人有一个良好的心态，容易自我满足，欲望少了，烦恼自然就少了。越是聪明的女人要求得越多，车子、票子、房子样样不愿甘于人下。如果女人能凭自己的聪明拥有这些，最好不过，如若没有，就会抱怨不停，把这种压力强加到自己的男人身上。而傻女人有自知之明，反而容易满足，粗茶淡饭一样过得有滋有味。

其次，聪明女人常常比较敏感，别人无意中一句话她能分析出N种意思，于是，揣测、猜忌油然而生，家庭战争不可避免，把简单事情复杂化，结果只能累己累人。而傻傻的女人则不会庸人自扰，平时说些朴实真挚的话，男人也不会对其捉摸不定的心思猜来猜去，从而使双方的情感生活更加稳定。

最后，傻女人只量收获，不量付出。太过精明是导致婚姻解体的一个因素。给自己父母的钱总比对方父母的多，自己的工资留着私用，不参与家庭建设，付出就一定要有收获等，与这样精于算计的女人生活在一起，只会让男人心冷。傻女人心里有一个特殊的量具，她只量收获，不量付出。她们会和自己的男人说看我们又赚了多少钱，或者取得了哪些成绩，很少去和男人抱怨自己付出了多少，有多么辛苦。

聪明的女人要把聪明用对地方，有的时候要表现出知趣，例如，不会过于依附于男人，不会成为琼瑶笔下的“菟丝花”。有自己的兴趣爱好，每天都过得充实，活得精彩。这样一来，会显得比较独立，所以很多时候会让男人们觉得轻松，不会因为过于黏着而感到厌烦。例如，女人再能干也不在家里逞能，要让丈夫有成就感，懂得感激和激发男人的斗志。这样的女人知道如何扮好自己的角色，成就一个伟岸的男人。另外，聪明的女人不会刨根问底，而是给男人足够的空间。什么事都会问个底朝天，那么男人很可能会因此感到烦躁，变得不耐心，冲淡双方的感情。但是一直保持这种风格，男人们又会觉得自己的女人不需要自己保护，从而缺少成就感。所以女人在保持理性的同时也要装装傻，因为这会让男人觉得你需要保护，能够促进彼此的感情。

都说女人心比海深，但是有的时候，男人要比女人复杂得多，他们既希望女人聪明，又害怕女人比自己聪明。或者希望女人有睿智慧黠的思想，外表却娇憨可人。所以女人在表现聪明的同时也要时不时地装装傻，这样一来，既能够博得男人的欢心，又能够获得男人的爱护。

少一点唠叨，多一点“语出惊人”

夫妻在一起久了免不了磕磕碰碰，语言是连接两人之间的纽带，纽带的好坏直接决定了和谐与否，有技巧的说话方式不仅是家庭幸福的法宝，更是衡量感情的尺码。

唠叨虽是夫妻间的常见病，却非不治之症。有的时候可以根据双方的性格特点选择说话的方式，例如，可以把话直接说出来，而不留任何暗示性的余地。

玛丽家厨房天花板上的灯泡坏了，玛丽望着10英尺高的天花板心里想：“换灯泡当然应该是6英尺多高的丈夫应该做的。”于是她就对丈夫说：“厨房洗涤池上方的灯泡坏了。”吃饭的时候又把这句话重复了一遍。可是一个星期过去了，她看丈夫还没有动静，便忍不住发火了：“你为什么这么长时间都不换灯泡？”结果丈夫说了一句：“你没让我换啊。”

在一般人看来，玛丽的意思已经非常明显了，那就是告诉丈夫，灯泡坏了要他换一个。丈夫之所以置之不理，很大程度上是因为玛丽每天都说一遍，令自己十分厌烦，故意等妻子说出下半句，而玛丽偏偏以为丈夫会在自己的催促下完成这件事，结果没有把下半句道出，这使得双方的沟通产生了障碍。婚姻学家梅洛迪·洛曼曾经说过：“女人若不提明确要求，男人就可能误解或忽略她的需要。”如果玛丽干脆利落地和丈夫说灯泡坏了需要换一个，就不会出现这种结局了。所以很多时候，女人把自己想要表达的意思直接说出来，不要让对方猜，更不要每天都唠叨一遍，这样沟通的效果要好得多。

露西是一名笔记员，有良好的职业习惯，每次开支票用钱都记了账，这为家里的开支做了一个很好的记录，也为家庭理财提供了很好的帮助。但是她的丈夫却很少记账，自己花多少钱，做了哪些事也记不清楚。每当银行寄来透支单时，露西就唠唠叨叨地责怪丈夫，丈夫也知道自己错了，于是总是保证下次一定记账。但是效果似乎并不明显，每到月底，银行结单仍是透支，两人又开始重复老一套。

从这个例子中不难看出露西和自己的丈夫陷入了一种无赢家的争论模式，也许丈夫真的想改掉自己不记账的习惯，但是露西每次都重复那句话，很可能使丈夫内心产生了一种习惯性的适应感，也就是当露西重复说记账的问题时，丈夫听过就算了，没有再引起注意，结果丈夫最后还是没有养成记账的习惯。对于这样的问题，露西可以不用唠叨，可以向丈夫建议采用复写纸支票，因为这样可自动留下副本，丈夫就不用因为自己不记账而感到烦恼了，问题迎刃而解。

曾经在一本书上看过一句话“唠叨是爱情的坟墓”，但是很多人没有意识到这一点，甚至错误地认为自己的唠叨是对他（她）的爱，殊不知，脾气急躁又爱唠叨，没完没了地挑对方的毛病很伤害对方，不断地唠叨只会使得夫妻关系越来越紧张。所以，女人谨记少一些唠叨，多一些“语出惊人”，效果会更好。

第16章　细心教子，会说话的母亲营造快乐家庭

每个孩子，都是上天赐予父母最珍贵的礼物，每个家长都怀着一颗“望子成龙”、“望女成凤”的心，所以父母在孩子的教育上要花费不少心思。父母以赏识的心态教育孩子，就会与孩子之间架起一座沟通的桥梁，激发孩子的自尊心、自信心，让家长用赏识的心态教育孩子，孩子就会成才。

如何让孩子接受你的批评并欣然改正

对孩子的批评是必要的，因为孩子的一些错误只有在家长的指正下才能改正，但是要想让孩子接受批评并欣然改正是需要一定技巧的。有些家长批评孩子时会非常生气，这样一来就会失去理智，从而将很多与问题无关的话题在扯进来，恨不得将孩子骂个遍，这种批评方式虽然会让家长解气，但是孩子能否欣然改正错误就不得而知了。

刘倩的女儿今年16岁，一年前，她发现自己的孩子早恋了，但她没有强加干涉，只是旁敲侧击暗示早恋的坏处，希望女儿自己解决。马上要中考了，她发现女儿这两天情绪一直很不好，感觉女儿很痛苦，有很多烦恼似的，想与女儿沟通，可女儿自我封闭，保持沉默，做父母的干着急。终

于，刘倩忍不住主动和女儿说了自己内心的想法，并把自己的一些经历讲给了女儿，当女儿愿意和自己说内心的想法后，她便把女儿做得不对的地方指出来，这种批评方式使女儿认识到了自己的错误，并且很愿意接受妈妈的建议，在以后的学习生活中，女儿的情绪好了许多，也稳定了许多。

刘倩和女儿的沟通方式是比较成功的，她知道该如何引导女儿将自己的想法说出来，并且对女儿的批评比较适度，不仅使女儿接受批评，而且能够欣然改正。初中阶段是孩子成长的关键时期，犯错误不可避免。所以父母一定要注意批评孩子时的方式，不要急于批评而不控制好自己的情绪，如果采取激烈的方式批评孩子，只会令孩子更加反感，不但不会反省自己的错误，而且由于逆反心理偏偏去做那些错误的事。

在孩子处于初中阶段，作为父母，如果还像小学时一出问题就不分青红皂白地加以斥责，非但达不到教育的效果，反而会引起他对你的排斥和反感。所以作为家长，要好好引导，对孩子进行批评时，要注意方式，维护孩子的自尊，又把问题说到位，让孩子欣然改正错误。

好妈妈巧用赏识的话激励孩子

对孩子的肯定、认可和赏识，既可以给孩子指明努力的方向，又可以增强孩子继续前进的动力，还可以激励孩子克服困难，努力提升自己。最重要的是它能增进父母和孩子之间的感情，使家庭氛围更融洽。

但千篇一律的“宝贝真棒”“你真聪明”往往让孩子盲目自信而无所适从，养成狂妄、偏激的性格，作为父母，怎样巧妙地激励孩子呢？

1.夸赞孩子的品格而非天性

“你进步真快”“宝贝真努力”“你做事很用心，非常认真，而且很有耐心，妈妈相信你会有很好的前途的。”这些夸赞，能够给孩子以鼓励和信心，当你给孩子贴上一个“好标签”，你为他的进步而雀跃，他就会带给你一个又一个惊喜，夸奖是给孩子最好的奖励，尤其是对于他可改变的行为和品格的夸奖，更是如此。

2.夸奖更要配合激励

很多时候，我们发现常常被称赞的孩子，总是在原地踏步。对于孩子，如果父母只给予肯定和夸奖，甚至小题大做，把本来不是很理想的成绩说成是优异的成绩，把本来准备接受批评的孩子捧到天上，而不对孩子存在的差距和不足给予提醒和激励，就会让孩子曲解父母的意图，以为父母对自己的成绩很满意，继而放弃继续努力和积极进取的想法。而正确的做法是在赏识的基础上，提出建议和鼓励，让孩子在欣慰的同时，感觉到来自父母的殷切希望。作为父母，可以对孩子说：“成绩很不错，不过再努力一点，你会取得更优异的成绩！”或者“不错，成绩比上次有进步，这是你努力的结果，继续努力会更好！”

3.珍视孩子的进步

随时都要看到孩子的进步，并及时给予赏识，有助于孩子重新树立勇气和信心，否则会让孩子失去前进的动力。

对于孩子的任何进步，都应该及时给予鼓励和称赞，欣慰地对孩子说“你长大了”或者“不要急，慢慢来，你已经有了进步。”“你一点也不比别人笨，妈妈每次都能看到你的努力和进步。”这些足以让孩子看到你对他的重视，产生“一定会做得更好”的勇气和信心。

4.给孩子战胜困难的勇气

当孩子面对没有做过，或没有把握的事情，或者面对困境和挑战的时候，最希望得到父母真心的鼓励。告诉孩子“你能行”、“不要怕”、“再加把油”、“你是个勇敢的孩子”、“要有点冒险精神呀，伙计！”可以鼓励孩子勇敢面对，大胆进取，不断努力和尝试。

5.认可孩子的观点和行为

孩子往往希望从父母那里得到认可，但父母似乎总是让他们失望。告诉孩子“你的看法有道理”“你一定有好主意！”“你的想法呢？”

而不要轻易否定他们的看法和想法，不要驳斥他们的意见，学着鼓励孩子的意见，让他们按照自己的想法去做做看，去试探一番，宁愿他们从中得到教训，也不要轻易否定他们。没有试过，你怎么知道自己就一定比孩子们高明呢?

给孩子与你平等沟通的语境

在教育子女方面，女人们容易陷入一些误区，不管孩子的意愿，而一味对孩子进行批评式或灌输式教育。如果家长永远站在权威、强势的位置上，就不能理解孩子的想法和意愿，一相情愿地认为自己“为了孩子好”，总是命令、强压、威胁、以暴制暴反而容易激起孩子的逆反心理，引发激烈的反抗。要想改变这种现状，就要给孩子和家长平等对话的语境，做孩子的好朋友、好伙伴，从而使家中的沟通氛围更加和谐温馨。

怎样做到这一点?从以下几个方面努力，往往能收到更好的效果:

1.征询孩子的意见

当你为孩子制订某项计划或规则的时候，最好听听他的意见。无论是“每天晚上只许玩半个小时的游戏，九点以前睡觉。”还是“暑假去参加某某兴趣班或夏令营”，事先最好征求他们的意见，对于参与制订的计划，孩子更有执行的兴趣和信心、耐心。不要安排孩子的一切，问他“这周末想怎样安排?”如果孩子太小，不妨给出“是去游乐园还是去爷爷奶奶家”的选择。

2.倾听孩子的想法

父母与孩子所处的地位不同，与孩子所关心的内容不同，想法往往也不一样。父母认为好的，不一定是孩子想要的，父母认为正确的，不一定是孩子认可的，听听孩子的想法与观点，对于孩子合理的想法和意愿，应放手让孩子去独立完成，或者设法满足孩子的合理要求。对于孩子不合理的想法，要用心聆听，然后给出合理的建议，再让孩子自己去选择，哪怕他在尝试中会摔跤。多问问孩子“你是怎样想的？”“说说你的主意？”“你觉得这样解决怎么样？”这样才能培养孩子的开放性思维，提高孩子分析问题、解决问题的能力。

3.允许互动

在大多数的家庭教育中，父母永远处于主导地位，孩子永远处于被动地位，被迫接受父母的命令和斥责，不管这些命令和斥责多么没有道理。事实上，父母不一定都是正确的，应该尊重孩子作为一个独立个人的思想和意志，让家庭沟通变成一个双向的、互动的过程，父母可以影响孩子，孩子也可以影响父母。妈妈应多做自我批评和自省，用语言和行为给孩子树立榜样。少说 “大人说话，小孩别插嘴”“按照我说的去做”，而应多告诉孩子“妈妈也有错”“我们也有责任，忽视了你的感受”“你有什么想法，说出来听听。”会让孩子更重视、更尊重你。

4.允许孩子进行申辩

无论孩子做错了什么，请允许孩子进行申辩，并不要把这些申辩看成是狡辩，强词夺理。当然如果孩子任性，不讲道理，家长应必须坚持孩子道歉。申辩也是一种权利，不能要求孩子俯首帖耳，这样的孩子没有前途。家长如果发现孩子不合你意，或者做错了事，应该首先思考到底谁出了问题，听听孩子的理由，而不能简单地训斥和责骂。不允许孩子申辩，不但不能使孩子心服口服，还会使他们滋生一种抵触情绪，为说谎、推脱责任埋下祸根。孩子申辩本身是一次有条理地使用语言的过程，也是交流的过程，听听他的理由，也许你会觉得孩子这样做并没有什么错。

当然申辩不等于强辩，如果发现孩子有推脱责任，强辩的倾向，家长应该坚持让他认识到自己的错误。

总之，家长要学会平等地和孩子交流，不权威俯视，也不强势压迫和命令，倾听，然后尊重，实现平等，才能让孩子更服气，家庭氛

围更融洽。

了解孩子的心性，说贴合孩子心理的话

女人结婚后一旦有了孩子，就会把大部分精力用在孩子身上。如何养好孩子，首先就要了解孩子的心性。作为孩子的母亲，对孩子的心性仔细了解，说些贴合孩子心理的话，渐渐就会使孩子养成好性情，有利于孩子的健康成长。孩子会由于母亲采用不同的教养方式而表现出不同的性情。良好的教养方式，能够促进孩子的健康成长和发育；拙劣的教养方式，会改变孩子的性格，使活泼可爱的孩子神情抑郁，苦闷不堪。因此，身为母亲，要教养好孩子，就要选择正确的教养方式，让孩子快快乐乐地成长。

女人在教养孩子时，如自己对孩子说话温柔可亲，不焦急，不暴躁，说话切合孩子的心理，孩子就会养成好秉性，表现出活泼开朗、积极向上的一面。如果女人不了解孩子的心理，自己心情抑郁，沉闷不乐，不顾孩子的心理和感受，和孩子说话态度冷淡，孩子心理就会受到打击，心情就会变得压抑，性格也会内向，从而不利于孩子的健康成长。

作为孩子的母亲，女人有权利有责任养好孩子，培养孩子良好的性情。了解孩子的心性，说一些贴合孩子心理的话，孩子的心理就会趋于平和，即使遇到困难也会冷静处理，而不会乱发脾气，暴跳如雷。女人要了解孩子的心性，就要和孩子进行言语的交流，对孩子说话要循循善诱，不能因为孩子说话缓慢或口吃而斥责孩子，要给孩子讲道理，让孩子明白，和别人相处时应该怎么说话，怎么做事。只有了解孩子的心理，女人才可以把孩子培养成快乐宝宝。

文静婚后生了一个可爱的小宝宝，取名张欣。现在四岁的张欣比同龄

的小朋友看起来显得忧郁，他不喜欢和小朋友在一块儿玩要，文静常常发现，孩子喜欢躲在人少的地方，并且不太爱说话。对于孩子的这种表现，文静很着急。她担心这不利于孩子的健康成长。为此，她请教了几位有教子经验的母亲，了解了孩子的胆怯心理。

为了改变孩子的性格，文静特地让孩子和小朋友们多接触，鼓励他和小朋友们说话。原来对其他小朋友感到胆怯的张欣，此时，看到小朋友都在玩要，也敢上前和他们说话了，虽然说得结结巴巴，但是小朋友还是听懂了他的意思，邀请他一块儿玩要。看到孩子和小朋友们嬉笑着，玩要着，文静感到了莫大的安慰。

文静又把孩子带到不同的场合，以此锻炼孩子的胆量，培养他的说话能力。经过一段时间的锻炼，孩子的说话能力得到了加强，不再像以前那样胆怯了。文静了解了孩子的心性，再和孩子说话时，由于已经明白了孩子心里的想法，说话贴合孩子的心思，没有了隔阂，孩子也能很快明白文静的话，按照文静要求的去做。看着日渐活泼可爱的孩子，文静非常开心。

女人了解了孩子的心性，说贴合孩子心理的话，就能和孩子进行良好的沟通。如果女人不了解孩子的心性，在和孩子说话时，不看说话对象，不分年龄场合，孩子不懂女人的话，就不会按照女人的要求去做。女人只有了解孩子的性情，说贴合孩子心理的话，孩子才能被塑造成女人心目中的理想形象。案例中的文静，在了解到自己的孩子由于胆怯不敢和别人说话时，就特地锻炼孩子的说话和交际能力，使孩子的性格逐渐变得开朗活泼。

了解孩子的心性，说贴合孩子心理的话，是培养孩子、塑造孩子性格的良好途径。女人对孩子的心性不了解，不清楚孩子的优劣点，说话不符合孩子的心理，孩子就难以接受，难以明白。这样，女人和孩子沟通就非常困难。只有了解孩子的心性，说贴合孩子心理的话，女人才能成功地与孩子进行无障碍的交流，倾听孩子的心声，培养孩子的兴趣，让孩子健康地成长。因此，婚后的女人，对待孩子要付出真心，了解孩子的心性，和孩子说话时，要让孩子听得懂，心里明白，对孩子进行多方面的培养，孩子才能成为快乐宝宝。

多说有礼仪涵养的话，潜移默化影响孩子

女人的日常礼仪对孩子有着潜移默化的影响。如果女人说话注重礼仪涵养，孩子说话也会有礼有节。相反，如果女人说话粗鲁，令人难以忍受，孩子与人说话也会不看对象，说话噎人。要想让孩子说话礼貌，女人就要严格要求自己，多说有礼仪涵养的话，从而无形之中就会对孩子有所影响。懂得礼仪，有较高的涵养，这是优秀女人必备的基本素质。在孩子面前多说有礼仪涵养的话，女人会成为孩子的良师益友，成为孩子学习礼仪的榜样。

女人严格要求自己，多说有礼仪涵养的话，为孩子树立榜样，孩子就会模仿女人的言行举止，与人说话也彬彬有礼。女人在为孩子树立榜样时，还要教会孩子懂得礼仪，遵守规章制度，使孩子从小学会尊重自己、尊重别人。对孩子的礼仪教育要从小抓起，让孩子养成规范的，良好的言行举止、行为习惯。如果稍微迟疑，就会严重影响孩子的身心发育。因此，女人在孩子很小的时候，就要注重礼仪教育，切勿对孩子不管不问，掉以轻心。

女人要让孩子学习礼仪，首先让孩子懂得，礼仪不仅仅是几句简单的礼貌用语，也不仅仅是让孩子遵守的几条行为规则，礼仪是一种生活方式，是孩子快乐童年的真实写照。礼仪无处不在，它在孩子的生活、学习中占据着重要的位置。无论是孩子的吃饭穿衣，还是与人说话交往，都需要体现礼仪。女人应教孩子从点滴学起，让孩子亲自去实践礼仪的细节。女人多说有礼仪涵养的话，在维护自身形象的同时，也会潜移默化地影响

着孩子。孩子会在女人的影响下学会礼貌用语，言行举止都流露出应有的基本礼仪。

李美送儿子晓明去上学。晓明的书包很重，李美就背在身上。家离学校不算远，可是对于步行的李美和晓明来说，那是一段遥远的路程。当李美和晓明来到学校门口时，两个人都累得气喘吁吁。

负责接送学生的老师让晓明接过妈妈手中的书包，对妈妈说声谢谢，可是，晓明却小嘴一噘，不停抱怨李美没有开车送他，累得他腿酸。听了儿子的话，李美非常伤心，为了生活，她既要照顾晓明，还要去上班，家里的车子不巧又坏了，自己心里的苦无处诉，儿子竟然这样和她说话，这让她心里很难受。

但是李美很快明白过来，这件事不能完全责怪晓明，自己平时说话就没太注意礼仪涵养，难免对孩子产生不良影响。要改变孩子，让孩子懂事，首先就要改变自己。之后，每次和别人说话，李美都特别注意自己的言行举止，对自己严格要求。有晓明在场时，李美说话更是慎重。

受到妈妈的影响，晓明也开始有意无意地模仿她。李美及时对他进行引导，让晓明树立尊重自己和尊重他人的意识，培养他讲文明懂礼貌的习惯。在李美的教导下，晓明很快学会了使用礼貌用语，养成了懂文明、讲礼貌的好习惯。

多说有礼仪涵养的话，以身作则，能在无形之中对孩子产生潜移默化的影响，让孩子对周围的一切充满热情和爱心，对别人以礼相待，养成讲文明懂礼貌的习惯，做一个品德优秀、懂礼貌的好孩子。案例中的李美，听到儿子晓明对自己语出不逊，非常伤心。有所反思后，就从自身做起，规范自己的言行，晓明受到妈妈的影响，懂得了尊重自己、尊重别人，和别人说话也开始讲起礼貌，成为一个懂礼貌的好孩子。

女人要多说有礼仪涵养的话，潜移默化地影响孩子。对于女人的话，孩子会耳濡目染，很快就会学习模仿。对于孩子的礼貌行为，女人要及时给予表扬，孩子受到鼓励，就会逐渐养成懂礼貌、讲文明的好习惯。女人要对孩子随时随地地进行教育，抓住有利时机，对孩子进行礼貌

行为规范，让孩子明白礼仪的重要性，从小学好礼仪，成为受家庭、受社会尊敬的人。

恰到好处地鼓励孩子

孩子有着强烈的好胜心，总想做出一些不平凡的事情，但是因为自己的年龄或有限的能力，往往事与愿违。有的孩子会因为一时失利而对自己失望。作为妈妈，要对孩子及时鼓励，不要因为孩子一时失败就对孩子严厉斥责。要让孩子树立信心，勇于尝试新事物。对于孩子的进步，要进行及时的鼓励，用欣赏的口气，恰到好处地鼓励孩子，使孩子拥有强烈的自信心。

拥有自信心的孩子，才会坚定地去做自己想做的事情。女人要走进孩子的心灵，发现孩子身上的优点，让孩子在不断成长中走向成功。女人对于性格内向、沉默寡言的孩子，要给予温暖，生发他的自尊、自信，挖掘其存在的潜力，适时地给予孩子有益的帮助和指导，让孩子收获希望。对于思想活跃、多才多艺的孩子，要多加赞赏，恰到好处地鼓励孩子，以使孩子取得更大的进步。

用欣赏的口气和孩子说话，对孩子多加鼓励，多加赞赏，女人就会对孩子起到很好的促进作用，使孩子清楚自己的优点和缺点，知道自己如何去做才能成为好孩子。被欣赏的孩子，心里是喜悦的，是充满自信的，能够独立行事。无论做什么事情，他都会感到妈妈对自己的重视，对自己的期望。懂得赞美孩子的女人，孩子会很快得到人们的认可，而女人一味对孩子嫌恶，处处打击孩子，对孩子只能造成不良的后果。如果女人看不到孩子身上的闪光点，不懂得赞美孩子，孩子就会对未来失望，这样，孩子的心理就会蒙上阴影。特别是犯错的孩子，如果女人严厉指责，孩子就得

不到改正的机会。因此，为了完善孩子的人格，为了孩子的健康成长，女人要用欣赏的口气，恰到好处地鼓励孩子。

小佳喜欢唱歌，在音乐课上，他优美的歌声常常得到老师的称赞和同学们的羡慕。在学校组织的音乐竞赛中，他从众多的参赛学生中脱颖而出，成为学校的小歌星。妈妈李萍看到了小佳的长处，及时对他进行鼓励，妈妈的夸奖增强了小佳的自信心。

李萍为了培养小佳的兴趣，给小佳聘请了专门的音乐老师，在学习唱歌的同时，小佳也学到了很多乐理知识，学会了唱歌的技巧和多种唱法，并能够娴熟地弹唱，形成了自己独特的演唱风格。小佳的进步让李萍看到了希望，在李萍的鼓励下，小佳踊跃报名参加市里举办的正式比赛，在遴选出的小童星名单中，他赫然在列。

小有名气的小佳再接再厉，开了自己的专场音乐演唱会，赢得了音乐爱好者和有关专家的好评。看到小佳的进步，李萍由衷地感到高兴。备受瞩目的小佳谦虚有礼，戒骄戒躁，不仅在音乐方面发挥了才能，也养成了良好的性情，受到了家长和老师的喜爱。

用欣赏的口气，恰到好处地鼓励孩子，孩子受到赞赏，受到重视，就会积极上进。如果女人和孩子说话严厉，让孩子不知所措，孩子的上进心就会遭到打击，以至于心理蒙上阴影，对自己失去信心。案例中的李萍，在看到孩子有音乐方面的才能之后，就对他进行了及时的鼓励，言语中流露出欣赏，让孩子充满信心地一次又一次走向成功。

身为母亲，要看到孩子身上的闪光点，和孩子说话，用欣赏的口气，恰到好处地鼓励孩子，孩子就会对未来、对自己充满信心，即使遇到困难，也能够独立解决。因此，女人在教养孩子时，不要言语激烈，句句批评，要着眼于孩子身上的优点，用欣赏的口气赞美孩子，鼓励孩子，孩子就能接连取得成功。得到欣赏，受到赞美的孩子，无论做什么事情，都会变得勇敢自信。因此，女人要用浓浓的亲情去关怀孩子，爱护孩子，欣赏孩子，鼓励孩子，让孩子在激励中发展自己，完善自己。

和子女交流彼此的心里话

女人作为孩子的妈妈，原本是最亲近的人，与子女应该是无话不谈，可是在与子女交流时，却常常产生隔阂，不能互吐心声。为此，女人感到困惑，感到悲伤。子女在学校表现不好，老师对孩子的每一句评价，都会让女人心里不安，如坐针毡，自责没有教育好孩子。其实，这些都是因为女人和子女没有说出自己的心里话，没有进行很好的交流。

没有规矩，不成方圆，很多时候，女人在教养子女时，都会给子女以直接的说教，向子女灌输各种禁例。殊不知，这种教育方式很容易引起子女的反感，达不到良好的教育效果。女人要和子女交流彼此的心里话，才会对子女有所了解，清楚子女的所思所想，女人就会根据子女的实际情况对其进行正当的教育。但是，现实生活中，有很多女人在与自己的子女进行交流时，却“套”不出子女的心里话，有的子女还会认为妈妈是在干涉自己的自由。因此，女人在和子女进行交流时，要注意谈话的方式，取得子女的信任，成为子女的朋友，而不要高高在上，让子女产生反感。

女人要和子女交流彼此的心里话，态度要坦诚，让子女认为自己是在与他们进行平等、自由的谈话，而不是在逼他们说出自己的心里话。女人只有听到了子女的心里话，明白了子女的心思，子女才会反思自己的行为，知道自己的长处和过错，做到有则改之，无则加勉。女人也只有和子女进行倾心的交流，子女才能体谅她的难处，感谢她的关怀，才会变得更懂事，替她负担，不辜负她的殷切期望。

刘玲的女儿小平刚上中学不到两个月，刘玲就接到老师的通知，有事要与她面谈一下。刘玲揣测了半天，也想不出因为何事。她想，女儿小平一向是个听话的孩子，老师要和她谈的不会是什么不好的事情吧？最后刘玲还是如约来到了学校，见到了女儿的老师。

老师和刘玲谈了小平在学校的表现，通过和老师的交谈，刘玲了解到，小平在学校性格孤僻，沉默寡言，同学们看她不爱说话，也不大理睬她。班级有什么活动，她也不喜欢参加。老师担心长期下去，不利于小平的身心发展。并且小平的学习积极性也不高，在月考中成绩平平，老师希望能引起家长的注意，配合学校，把学生的教育工作做好。

虽然老师说得句句属实，但是老师的言语中不免流露出对刘玲的责怪，似乎小平之所以这样全是刘玲教育的失误，刘玲心里很难过。她原以为女儿进了中学，会更加努力学习，没想到小平在学校的表现会是这样。思考良久，刘玲决定和小平好好谈谈。小平看到妈妈如此伤心，就把自己的心里话告诉了刘玲。

原来，小平不太适应中学生活，没上中学前，自己的成绩一直名列前茅，来到新的学校，竞争对手很多，她的心理压力很大，也不知道如何与别的同学相处，性格也发生了很大的变化。刘玲也和女儿说了自己的心里话，无论女儿做什么，她都希望女儿能成为最棒的学生，并教给女儿一些和人相处的技巧。小平听了妈妈的话，觉得很有道理，就按照妈妈说的去做，很快变成了一个开朗、上进的女孩。

女人和子女交流彼此的心里话，要态度认真，发自内心。如果女人不真诚，就不会赢得子女的信任，子女在和妈妈进行交流时，也会虚情假意，说一些无关紧要、无关痛痒的话，女人就很难了解子女的所思所想。女人只有和子女进行坦诚、倾心的交流，才会真正了解子女的心思，对其进行正确的教育。案例中的刘玲，在获悉女儿小平在学校的表现后，和小平交流了彼此的心里话，并给予正确的引导和教育，使小平渐渐摆脱心理困惑。

女人只有和子女交流彼此的心里话，子女才能明白妈妈的良苦用心，不再嫌弃妈妈平日的唠叨，会把妈妈说的每句话都奉若至宝，按照妈妈说的去做。能够交流彼此心里话的女人和子女才是最幸福的，才懂得在对方心目中的位置是多么重要。彼此学会交流，学会倾听，学会理解，女人和子女的关系就会更加密切。为了子女的健康成长，为了子女有一个美好的未来，辛苦的女人，好好和子女进行沟通交流吧，了解彼此的心思，你的生活将会充满亲情，充满关爱。

第17章　家庭心语，女人张嘴要说巧言妙语

一个和谐的家庭，不仅夫妻之间要甜蜜恩爱，婆媳之间更应该和睦相处。婆媳夫妇之间，虽然没有什么原则性的大事，但就是那些小小的摩擦和怨气，缺乏沟通，得不到疏导，就会酿成不可调和的矛盾。所以聪明的女人，要懂得巧言妙语，大事化小，小事化无，让自己的家里总是温暖如春。

关爱长辈，几句贴心语温暖老人心

婚恋中的女人，对自己所爱的男人常常甜言蜜语，呵护有加，却往往忽视了对老人的关爱。其实，与年轻人相比，老人的孤独感更为严重，这尤其表现在空巢老人身上。有的老人虽有子女在身边，但是年轻人常常忙于自己的工作和生活，对老人无暇过问，难免使得老人孤独寂寞。婚恋中的女人，要明白，老人需要的不仅仅是物质上的给予，更需要精神上的安慰。婚恋中的女人，要关爱长辈，对老人多说几句贴心话，温暖老人的心，让老人享受到快乐和幸福。

关爱长辈，说几句贴心话温暖老人的心，是婚恋女人关心老人、表示孝心的体现。为了打造老人的幸福晚年，婚恋中的女人要考虑到老人的精

神生活。除了让老人拥有足够的物质生活，还要想方设法让老人保持愉悦的心情。这就需要女人多费心思，在老人面前，多说温暖的话，了解老人的需求。而在现实生活中，我们经常会发现，一些女人为了孝敬老人，给老人购买了很多健康文化用品，这对于爱好休闲娱乐的老人来说，是一种幸福。但是，这些毕竟是娱乐用品，不能完全满足老人的需求。如果身边缺少亲情，老人会感觉到生活中总缺少些什么。所以，女人要延长和老人的相处时间，那样老人就不会感到孤独无助。

然而，婚恋中的一些女人，由于自己性格倔强，脾气暴躁，和老人说话时，恶声恶气，这不仅不能让老人感到温暖，还可能把老人气病。此时，女人再为自己的话语后悔也是无济于事。因此，婚恋中的女人，和老人说话要注意方式，言语不能过重，让老人经受得起，不要纵容自己在老人面前大发脾气或者对老人有意见而言语粗俗，那样就会被人认为不通情理。婚恋中的女人，要懂得礼仪，对待为儿女操劳了一辈子的老人，说话要和气可亲，让他们感受到家庭的温暖以及后代的关怀。

艳丽和陈旭相爱成婚后，陈旭对她非常好，常带着她外出度周末，两个人玩得很开心。每次回到家，陈旭的父母就做好了饭菜等他们吃饭。艳丽吃饭时常常兴高采烈，把和陈旭在外面遇到的一些趣事讲给他们听。陈旭的父母没有外出的机会，即使偶尔出去，也是在家附近散散步，听着艳丽讲的趣事，感觉很快乐。

然而，没过多长时间，艳丽就发现，公婆的脸上不再挂满笑容，有时对艳丽讲的事情表现得很麻木。艳丽以为公婆生病了，就仔细地询问原因。原以为艳丽和陈旭只顾自己玩耍，不会过问自己的事情，现在听到艳丽关切的话语，陈旭的父母非常高兴，心里也暖洋洋的，就把自己参加老年健身运动的想法告诉了艳丽。

艳丽忙和陈旭商量，为公婆购买了健身服装和日常用品，看到艳丽这么尽心，陈旭的父母逢人就夸自己的儿媳好。艳丽没想到自己的举手之劳，几句体贴的话语，竟然能得到公婆发自内心的赞扬，心里也由衷的高兴。

婚恋中的女人，不要只顾自己开心，也要让老人快乐，关爱长辈，对老人说几句贴心的话语，老人的心里就会感到温暖，不再孤独。案例中的艳丽，关切地询问公婆不高兴的原因，在知晓公婆的心思后，几句贴心的话语，就温暖了公婆的心。在为公婆购买健身服装之后，公婆对她更是赞不绝口。

关爱长辈，孝敬老人，婚恋中的女人，对老人说几句贴心话，不但能够温暖老人的心，而且可以使自己和长辈的关系更和谐。生活中不懂得关爱老人，只顾自己享受，和老人说话粗声大气、恶声恶语的女人，不会得到公婆的喜爱，还会受到别人的指责。婚恋中的女人，对老人言语柔和，在温暖老人的心的同时，也能排除老人的寂寞。特别是忙于工作的女人，在照顾好自己男人的同时，还要注意对老人的关爱，让老人幸福地度过晚年。

和家人少说气话，多说温情的话

女人对男人的爱，常常是无偿地付出。理智的男人，会对女人的爱倍加珍惜，真诚地感谢女人。深爱着男人的女人，性格温和，和家人说话也非常亲切，她时时保持着内敛，用自己的温情去感化家人。和家人少说气话，多说温情的话，柔情似水的女人就会用爱去滋润自己的男人，用真情感动家人。当家里出现矛盾时，女人的第一直觉就是镇静内心，用自己柔和的言语去打动家人的心，使家人都平静下来，心平气和地解决问题。

女人和家人少说气话，多说温情的话，不仅能够彰显女人的人格，也有利于家庭的稳定和和谐。而女人和家人说气话，只会伤人害己，破坏和家人的关系，使之急剧恶化。女人说话心怀怒气，就会火气上升，损害自己的身体，和家人说气话，心里就会更加不平衡，把心中的愤怒向家人

发泄。这不利于家庭和睦，会使家庭内部战争不断。家里充满了战火和硝烟，女人的婚恋生活就会岌岌可危。

婚恋中的女人，和家人少说气话，多说温情的话，让家人感受到温暖，感受到亲情，家庭就会和和睦睦。如果女人一意孤行，与家人不能很好地沟通，或言不由衷，或信马由缰，前言不搭后语，或愤愤不平，女人就不会得到家人的好声气。彼此心里都憋屈难受，就会找机会发泄。如果把家人当作出气筒，说话难听，做事粗鲁，没有一点儿温情，女人和家人的关系就会日益紧张，就会出现更多的矛盾。矛盾得不到化解，家庭就会充满冷淡，女人的心也因此变得冰凉。婚恋中的女人，和家人多说温情的话语，家人就会对女人笑面相迎，家里就会洋溢着温馨，弥漫着亲情。

婚后的李霞喜欢逛商场，喜欢购物，几乎每个周末，她都让老公王军陪自己去商场。每次逛完商场，李霞都会满载而归。对于家庭的经济支出，李霞很少仔细核算。倒是王军心里有些不安，因为每到月末，家里就会捉襟见肘出现，这让辛苦工作的王军感到非常疲惫。

有了危机感的王军在李霞又打算出去购物时，便阻止了她。王军没料到李霞会大发脾气，她对王军的话语深感不满，她和王军争吵起来。王军见她如此不通情理，心里也非常愤怒，此后，李霞对王军说话常常满含怨气，二人争吵不断，家里也失去了原来的温馨。在李霞眼里，王军对她的感情越来越淡，已经没有了当初新婚时的甜蜜。

看着家里毫无生趣，李霞也转变了态度，她不再热衷于逛商场购物，而是主动和王军言和，言语委婉地向王军道歉，李霞的改变触动了王军。王军原谅了她。此后的日子，李霞很少和王军说气话，即使自己心里气愤不过，也会遏制住心头的怒火，镇定自己的内心。她还学会了精打细算，家里的财务支出逐渐平衡，生活也逐渐有了起色。

女人和家人少说气话，多说温情的话，就会避免很多不必要的矛盾纠纷。言语柔和，感情真挚，女人和家人就能和睦相处。如果女人和家人说话满含怨气，或者义愤填膺，没有一点儿对家人的体贴和关怀，家人就会对她产生反感。案例中的李霞，和王军因为购物出现入不敷出而产生了争执，对王军说话愤愤不平，引起王军的厌烦，后来李霞有所悔过，对王军说话和气，二人才重归于好。

愤懑不平的气话能够引起别人的厌烦，温情可亲的话语会给人带来甜蜜。婚恋中的女人，和家人相处少说气话，多说温情的话，家庭才能和睦美满。但是，现实中的女人在婚恋生活中不能时常保持心平气和，总会遇到这样或那样的不尽如人意的事情，此时，女人就要控制好自己的情绪，冷静地处理事情，做到以柔克刚，避免出现家庭纠纷，让每一个家庭成员都能享受到温馨，享受到快乐。

心平气和，关起门谈家事

人们喜欢关起门来谈家事，目的就是防止家丑外扬。谁都不想让自己的私事被其他人知道，毕竟人言可畏。原本很简单的事情，但是经别人的嘴说出来，没准就发生了天翻地覆的变化。聪明的女人会学会守口如瓶，因为没有人喜欢长舌妇。

夫妻之间不论有天大的矛盾，关起门来说什么都可以。但是在外面，一定要控制好自己的脾气，不管是在长辈还是朋友面前，都必须维护老公的自尊。夫妻在家里吵架是常有的事情，但是绝不能在别人面前吵，更不要在外面说老公的不是。男人都喜欢吹牛，与老公外出吃饭时，女人最好小鸟依人，听着老公眉飞色舞天南海北地侃着。对于很多男人来说，面子和生命一样重要。聪明的女人懂得如何像保护自己的爱情一样保护男人的面子。千万不要和男人的面子较劲，如果你以为打击他的面子可以征服他的心，那真是大错特错了，你会输掉他对你的尊重，更可能输掉你的爱情和婚姻。

一个女人总对邻居说："他从不给我钱花，为人特别小气，对我的父母不太好。"起初还觉得没什么，对别人发发牢骚也可以发泄心中的怨气，但是时间长了，左邻右舍全都知道了，邻居的反应更多的是嘲笑而不是怜悯。更糟的是丈夫每次回家都发现邻居在背后悄悄地议论他，为此他特别生气，更影响了她的家庭生活。最终到了无法挽回的地步，婚姻走到了尽头。

俗话说："家丑不可外扬。"其实，家中的是是非非本来就说不清，清官都难断家务事，更何况是外人。如果再加进外界的风言风语，老公的自尊心一定会彻底崩溃。到那时，即使老公有心和解，也是骑虎难下。聪明的女人如果真的希望解决问题，聪明的做法就是关起门来，慢慢商量。因为正确的家庭原则是不许外人干涉内政。

再说，男人，也是"难人"。男人要在社会上获得认可，得到尊重，实现自身价值，起码要有立身之本，有自己的事业追求，他在社会上要面对各种责任和义务，不愿承认自己也有非常脆弱、需要关怀的一面。在他志得意满时，请给予他足够的欣赏；当他遭遇了不公和挫折时，给他一个可以倾诉的港湾，让他受伤的心灵得到安抚。因此，一个好女人应该体贴男人，理解男人。

在复杂的人际关系中，无论老公做错了什么，都不要讲给外人听。如果一个女人把自己的丈夫说得一无是处，她自己也丢了面子。聪明的女人不仅懂得维护老公的尊严，更懂得展现自己的大度与自信。例如，女人的修养、智慧、谈吐、气质、笑容都是为男人赢得面子的途径。所以，女人要多花些心思在自己身上，来维护男人的面子。

其实，任何事物都不是孤立的，都有一定的因果关系。有些男人不够好，这肯定和他们背后的女人有关系。相反，有些男人很优秀，肯定背后有个好女人。每个男人身上都有闪光的地方，只要你付出努力和耐心，就会惊喜地发现金子其实就在你的身边。不要总是羡慕别人身边的好男人，自己又为何不尽心尽力地去挖掘开采？"锲而舍之，朽木不折；锲而不舍，金石可镂。"只要坚持，只要努力，只要耐心，不轻言放弃，我相信你也会有双手捧满金子的那一天。

要创造良好的家庭氛围，首先必须加强夫妻双方的心理修养，做到互敬、互爱、互信、互帮、互慰、互勉、互让、互谅。夫妻之间要经常进行情感沟通，彼此相敬如宾，恩恩爱爱，使家庭成为生活中平静的港湾，在家里能得到鼓励，得到关心，得到欢乐，让家庭生活充满生气，充满绚丽的色彩。

没有沟通，“自动理解”不太可能

女人生气的时候，最向往的画面是这样的：男人们捧着玫瑰花，围着他的爱人团团转：“亲爱的，你怎么又生气了？我哪里做得不够好，告诉我，我一定改！”然而男人总是那么耐心地哄着女人，等着她说出心里话吗？他正在追求她或者两个人热恋时，当然可以。若是换作平常的夫妻，老婆生闷气，丈夫要么熟视无睹，要么叹一口气：“唉，女人！”然后穿上外套，换一个没有烦扰的地方待着。

很多妻子都以为丈夫理应知道她们需要什么，不必她们开口。其实，不管丈夫多么爱你，也不可能完全明白你想他为你做哪些事。我们应当知道，夫妻双方对任何一个问题的看法都需要交换意见，那种只需一个眼神就明白一切只是小说或电影中的情节。在现实生活中，对社会问题的认识、工作压力、孩子教养、家庭生活等都要靠相互的交流来解决。

有些女人总是热衷于去做自己认为最重要的事情，并把它们当成献给丈夫的最佳礼物，然而她们却不知道，这一切和她想象中的爱情完全不一样，女人付出了许多心力，做的却都是无用功。

小白生长在一个传统的家庭，妈妈是个勤劳的主妇，也是小白最喜欢最敬佩的人，但她与小白父亲的感情，只是平淡而已。

小白结婚之后，就像母亲一样，努力持家，努力地刷锅子、擦地板，认真地为自己的婚姻而奉献。奇怪的是，她不快乐，看看先生，似乎也不快乐。

小白心里想，大概是地板擦的不够干净，饭菜烧得不够好，于是，她更努力地擦地板，更用心地做饭。可是，他们两个人似乎还是不快乐。

直到有一天，小白正忙着擦地板时，先生说："老婆，来陪我听一下音乐！"小白不悦地说："没看到还有一大半的地方没有擦吗？"

这句话一出口，小白便呆住了，好熟悉的一句话，当年母亲也是经常这样对父亲说的。自己不正在重蹈父母亲的婚姻的覆辙吗？

瞬间的领悟使小白作了一个选择。她停下手边的工作，坐到先生的身边，陪他听音乐。过后，她非常认真地问先生："你需要什么？"

先生说："我最希望你陪我。"

这个结果实在令小白大吃一惊。

从此以后，小白列了一张先生的需要表，把它放在书桌前。先生也列了一张她的需求表，放在他的书桌前。洋洋洒洒十几项的需求，像是有空陪对方听音乐、有机会抱抱对方、每天早上吻别。

有些项目比较容易做到，有些项目比较难，像"听我说话，不要给建议"是先生的需要。如果妻子给他建议，他说他会觉得自己像笨蛋。

这一切对于小白来说都需要重新学习，不过，比擦地板要轻松多了，而他们在需求的满足中，婚姻也越来越有活力。

幸福婚姻的真谛，是以对方需要的方式爱他，而不能太执着地用自己的方式爱对方。否则，你累得半死，对方却得不到满足。

简简单单的一个问题："你需要什么？"便开启了通往幸福婚姻的门。这么容易的事，却困扰了无数夫妻一辈子。

细腻的女人，对男人的需要都做不到了如指掌，对于女人的心思，男人更难摸得清、看得透。

以家务为例，在女人心头，它们是十万火急的大事。家务没有料理清楚，甚至会影响她们干工作的耐心和对丈夫的热情。

让丈夫分担家务，这本身没有问题。但问题的关键是我们要以怎样的方式，让老公按照我们的心意去做事。

面对一塌糊涂的床铺大声叹息，看到乱七八糟的房间使劲关门，不少女人希望通过这种行为让丈夫心领神会干点家务活儿。但是专家提示我们："这只不过是祈求心灵感应的幻想曲，别人往往不知道你希望什么，除非你直截了当地告诉他们。"

女人们常犯的错误，是误以为在提出要求的时候，伴以受伤的面孔和气恼的声音，就会加深在老公心里的印象，促使他缴械投降。事实上，这正容易激起男人的逆反心理，明明是可以轻易接受的问题，也会断然拒绝以示心中的不满。

比如，你希望他送玫瑰花，也不必由隔壁王先生升职加薪、去欧洲旅行、给太太买钻戒说起，免得主题不明引起自卑，使他绞尽脑汁来报复。"明天我想弄一盘玫瑰花瓣炒鲜蛋，你下班时给我买两打玫瑰回来好吗？"

在妻子幽默的提示下，任何丈夫都会意识到，自己对老婆爱的表达有些不够了。

把沟通放在第一位，生活将变得简单。一味指责他不关心你，会让他摸不着头脑，也可能误会你是因为心情欠佳而在发泄。如果你需要老公做一件事，不如换成这样的说法：如果你……我就会轻松多了。

做个贤惠的媳妇，不如做个聪明的媳妇

为什么社会上只有"女婿是丈母娘半个儿子"，而没有"媳妇是婆婆半个女儿"的说法？婆婆和媳妇天然缺少与生俱来的亲近感，且双方同为女性，本身就存在着相斥性。世间所谓"只要婆婆把媳妇当作亲生女儿，

媳妇把婆婆看作亲生母亲，就能处好婆媳关系”的论调，只是一种善良、美好的愿景，并不现实。婆媳之间还是需要点客气的，而不能像血亲之间那样亲密无间。

要保持婆媳之间良好的关系，就要既像母女又不像母女。从媳妇方面讲，应该像孝顺母亲那样善待婆婆，还要比对母亲更细心，但又不能像对母亲那样对婆婆口无遮拦、肆意撒娇。这样，彼此就可以多一分理解，少一分矛盾。

婆媳毕竟不是母女，婆媳关系也远不如母女关系那样坚如磐石，经得住践踏和敲打。如果将母女关系比作辽阔田野里的庄稼，则婆媳关系不过是大棚温室里的花草，稍不留意，就会萎缩、凋零。

做媳妇的应时刻注意维护和修缮自己与婆婆之间的关系，时常进行一些“修补”是十分必要的，即便现在的婆媳关系很好，也不能掉以轻心。

其实，这本不是什么难事。聪明的儿媳都能算得过来这笔账，谁家的婆婆要想对儿媳表示一下心意，都得破费“重金”，但儿媳要想对婆婆表表孝心，只需花点小钱就可以了。大多数的婆婆应该都是通情达理的，很好“哄”。平时不要忘了用好言好语让婆婆顺心满意，遇到特别的日子，略微的破费——买点小礼物或实用品，更能锦上添花。

但是千万记住，别等到你和婆婆的关系淡漠得似有似无，或已经矛盾重重、一触即发时才想起改善，到那时就不容易了，别说小礼物，就是送婆婆一座金山，她也不愿意接纳你了。

感情的升温和关爱的体现，往往都表现在一些特别小的事情上，所以，我们要学会从细节着眼，给婆婆最细致的体贴，学会利用生活上的小事，做好婆媳关系这件大事。

另外，婆媳之间还有一个很重要的问题，就是一定要把握好距离。

人们常说：“距离产生美。”换句话，没有距离便没有美。这话也许不是真理，却很有几分道理。走得太近，让人与人之间来不及隐藏，也无法隐藏，以致很多不尽如人意的地方便暴露和显现出来，失望，甚至反感便由此产生。

所以，人和人之间真的需要一点距离，夫妻如此，婆媳更是如此。

这种距离既包括心理上的，也包括现实中的。心理上的距离我们已经讨论过，媳妇和婆婆之间的距离要若即若离，既不能像和母亲那样亲近，也不能像外人那样生分。现实中的距离也很重要，它包括时间和空间两方面。在空间距离上，我们不妨适当拉长，很多和公婆住在一起的家庭已经证明，婆媳要想在同一屋檐下和睦共处，就要比其他家庭付出更多的、艰难的努力。

所以奉劝一些有条件的儿媳，如果公婆可以自理生活，那么最好分开住，虽然是丈夫的至亲，但毕竟是两个家庭，离得远一点，矛盾和问题自然就少一点。

当空间上的距离被拉远时，我们不妨把时间上的距离拉近一些。

选择了不和公婆住在一起的年轻人，不要以为躲出去就万事大吉了，如果长时间不联系，婆媳间的那种陌生感比发生小矛盾还不好处理。

不和公婆住在一起时，我们也不要忘记他们。如果在一个城市里，一定要时常走动，尽量每个周末去聚一聚，即使工作繁忙，至少半个月去看一看老人。

让想儿子、想孙子的公婆多看看他们，再给婆婆带点新鲜的食品，帮婆婆做点力所能及的家务。这样，虽然不生活在一起，却比生活在一起更亲近！

如果你能控制好与婆婆在时间与空间上的距离，也许你就更容易把握那种心理上的、微妙的距离。其实生活中的很多事都是如此，美与丑、喜与恶，全在距离的远近之间。

对于工作繁忙、个性独立的职业女性来说，婆媳关系是一个难题。我们保持“君子之交”的观点，虽有一劳永逸的好处，却稍稍有点儿偷懒的嫌疑，所以做媳妇的，更要注意下面几个细节：

（1）对公婆生日、中秋、春节等传统节日要重视。喜庆热闹的气氛对老人很重要，即使你平日好静，也要调剂好自己的心情。

（2）与婆婆娘家方面的亲友相见时要热情周到，这些小事更能体现婆婆的地位和你对她的尊重。

（3）尽量不要参与婆婆与妯娌或其他亲友的小矛盾，女人多的地方是非多，不传小话、不信流言的女人最终会树立起自己的形象。

（4）无论遇到什么问题都不要说过头的话，婆媳之间既无血缘，又没有爱情，有了疙瘩实在不好解，即使事后想弥补，也常常劳而无功。

与爱人和父母的沟通有技巧

生活中，与爱人和父母的沟通是最为频繁的，因为他们是个人生活的重要组成部分，因为有这些人的存在，一个人生活的圈子才能称为家。在与爱人、父母沟通的时候可以随意性比较强，因为他们是自己再熟悉不过的人，但是有些时候由于想法不一致，或者说话方式的差别，很多时候会产生误会或者矛盾，所以在交流时也需要讲究一些小技巧，从而使沟通达到一个比较理想的效果。

1.语气

在讲话时，语气是能够体现一个人的情绪和态度的。当一个人的语气比较轻快时，那么他的心情一定很放松，讲话时脸上即使没有笑容也不会出现比较紧张的表情。在这样的状态下和他人进行沟通是比较理想的，因为当你放松时，对方就不会拘谨，两个人都能非常自如地思考和说话，交流就不会受到限制，可以开诚布公，可以畅谈。那么在对爱人说话时，要注意的就是语气的把握。

例如，丈夫下班回家，这时候需要妻子用比较温柔的语气来问候一下丈夫，这样做的效果就是能够让丈夫那颗因为工作而疲惫的心变得温暖，一种幸福感油然而生。聪明的女人一定要注意理性看问题，即使丈夫下班之前自己发现了丈夫一些让自己感到气愤的事，也不要在丈夫进家门那一刻就开始以审讯的口吻逼迫丈夫就范，因为那样做往往适得其反，不但不会获得自己想要的答案，而且很可能会招致丈夫的无明业火，双方的争吵不可避免。

再比如，到父母家中看望二老，说话一定要表现得十分开心，和父母有说不完的话，特别是到婆婆家的时候，更要表现得十分期待见到二老。即使夫妻二人在去看望老人之前发生了小别扭，也不能把情绪带到家里让父母发现。说话时要注意以晚辈的口吻进行交流，千万避免生硬，更不能咄咄逼人，因为父母都喜欢孝顺的子女。子女孝顺，父母安康，家庭才能和谐。

2.内容

在和爱人交流时，内容的选择是比较讲究技巧的。有的时候要看对方的心情，选择适当的内容。有的人会发出疑问，和自己的老公说话还用看脸色，还用提前想一想吗？平时说话当然可以随便一些，不用想太多，但是当丈夫工作压力非常大，情绪很糟糕的时候，自己还不识趣地和丈夫争论家长里短。在这些比较特殊的时刻，要调整自己的心态，即使有再大的抱怨也要忍住，因为在那样的情形下，即使自己说得再痛快，问题也不会得到解决，只能是逞一时口舌之快。

在和父母沟通时，要尽量把自己生活中的喜事告诉父母，让父母少操心，即使有些生活中不和谐的问题很想和父母说，也要注意说话的方式。情绪不要过于激动，更不要出现哽咽或者泪流满面，这样会让父母担心。父母养育儿女已经不易，成家后还不让父母省心，就是不孝的表现了。

父母和爱人对一个人而言是最亲密的人，和他们交流时可以无拘无束，但是也要讲究一些小技巧，细节的把握往往能够起到意想不到的作用，从而促进彼此间的感情，使一家人其乐融融。

做个嘴甜的媳妇，哄着婆婆心欢喜

古往今来，婆媳关系一直是一种很难处理的关系。尤其是现在很多家庭都是独生子女，家长都十分娇惯自己的孩子，这使得孩子成熟得比较晚，很多成人后还不懂事理，尤其是女孩，十分任性。在嫁到男方家里后还是我行我素，惹得婆婆不高兴，使家庭关系紧张，夫妻关系也受到影响。所以在这些方面，作为女性，要懂得如何克服自己的小性子，哄婆婆欢心。其实这不仅是讨好，更是孝顺的体现，是中华民族的传统美德。

1.婆婆优先

做媳妇的，相夫教子很重要，但是尊敬长辈同样不能忽略。在对待婆婆的问题上，媳妇一定要理性，在自己家里做什么都无所谓，自己的父母都会宠着，做错也不会说什么，但是在婆婆家时再由着自己的性子来就不合时宜了。首先，婆婆是老公的母亲，在和婆婆发生矛盾时，老公站在哪一边是非常难以抉择的。如果自己采取强硬的态度，那么很可能会引起老公的不满，再加上婆婆的愤怒，那么后果可想而知。所以在这种时刻，要采取以柔克刚的战术，先让着婆婆，婆婆说什么就是什么，当事情过去后再和老公道出自己的苦衷。这样一来，不仅让婆婆觉得自己的儿媳很懂事，气先消一半，而且会让老公很有面子，从而对自己更好，一举两得。所以在和婆婆发生矛盾时，一定要忍让，做到婆婆优先。

2.婆婆说得对

婆婆在和自己说话时，要注意倾听，态度一定要好，千万不要一副心不在焉的样子。如果婆婆说得不对，不要马上反驳，指出错误所在，因为在他人说话时擅自打断是不礼貌的，再加上是自己的婆婆，自己的长辈，就更显得无礼了。如果婆婆宽容大度，就算走运了，如果婆婆抓住不放，自己是不会有好果子吃的。所以在听婆婆讲话时，一定要秉持一种“婆婆说什么都是对的”态度，这样能够让长辈觉得自己非常懂事，从而发自内心地喜欢自己，这对于婆媳关系的处理是非常有利的。但是当一些比较严

重的错误必须指出的时候，就不要装傻了，注意讲究方法。首先，语气上要以一种商量的口吻，比如以“妈，我跟您商量个事”或者“妈，刚才我有一点不明白，能不能和您探讨一下”等开场。其次，要注意措辞，多一些“请”、“您”等礼貌用语，这样能够让婆婆感觉到儿媳很尊重自己，从而乐于继续听下去。最后，一定要把问题说清楚，不要有任何的死角，使婆婆能够认识到错误所在。这里要注意的一点是千万不要在最后说婆婆错了，要用“不太合适”、“有些不适宜”等词汇，让婆婆觉得儿媳还知道给自己留面子，从而对媳妇不再计较。

“嘴甜”也是尽孝，仔细想想，现在的老年人在物质上并不苛求太多，他们需要的是子女精神上的赡养，仅仅给老人送钱送物是不够的。“嘴甜”也不可小看，一是“嘴甜”的“媳妇”心里时刻装着老人，洞察老人的心思，尽力让老人开心；二是“嘴甜”的媳妇常伴老人身边，可以使老人精神愉快，有利于健康长寿，讨得老人欢心。所以，“嘴甜”也是尽孝。做个嘴甜的媳妇，好处是很多的，因为不仅能够哄着婆婆开心，而且自己也会受宠，婆媳关系处理好了，有利于进一步促进夫妻关系，从而使两个人的婚姻生活更加幸福甜蜜。

参考文献

[1] 齐鲁青.女性与社交[M].上海：上海文艺出版社，2004.

[2] 项星.每天学点幽默口才[M].北京：中国纺织出版社，2010.

[3] 艾静.我最想要的女人口才书[M].北京：海潮出版社，2011.

[4] 咖啡猫女.女人口才全攻略[M].北京：中国纺织出版社，2010.

[5] 蔚蓝.好口才让女人一路畅通[M].北京：中国物资出版社，2008.